Svenja Arpert

BERLIN
FÜR KINDER

Günter Strempel
Oliver Wilking

# Berlin entdecken

# DER STADTFÜHRER FÜR KINDER

nicolai

*Der Autor*
Günter Strempel, geboren 1953, ist Vater zweier Kinder, Buchhändler und seit einigen Jahren Kinderbuchautor. Er lebt in Berlin und liebt es, mit Kindern die Stadt zu erkunden.

*Der Grafiker*
Oliver Wilking, 1966 geboren, lebt in Berlin, wo er als Illustrator, Grafiker und Ausstellungsmacher tätig ist. Als Leiter zahlreicher Workshops sammelte er wertvolle Erfahrungen bei der künstlerischen Arbeit mit Kindern und Jugendlichen.

*Bildnachweis*
P. Adenis: S. 21; Alba Verlag/Sammlung Hiltenbach: S. 30 o.; Amerika-Gedenkbibliothek: S. 20; Archiv Argon Verlag, Berlin: S. 17, 18 o.; be.bra verlag/A. Muhs: S. 23; Berliner Verlag: S. 9 l. o. (Uhlmann), S. 9 l. u. (Lautenschläger), S. 63 (Mittenzwei); Bild- und Schriftgutsammlung Museum für Naturkunde, Berlin: S. 45; FEZ Wuhlheide: S. 59 o.; R. Grahn: 53; H.-W. Klünner: 22 o.; Landesbildstelle, Berlin: S. 19 o., 22 M., 29 (Titzenthaler), 40; LesArt, Berlin: S. 59 u.; J. Maron: S. 14, 22 u. r., 25, 26, 27, 28, 29 o. u. M., 30 M. l., 31, 47, 55, 58 u., 60; Harald Schmitt/STERN: S. 22. u. l.; Der Tagesspiegel: S. 18 u.; Tierpark Berlin-Friedrichsfelde/K. Rudloff: S. 61; Ullstein-Bilderdienst, Berlin: S. 19 u. (Scherhaufer), S. 58 o. (Lammel); H. Waldenburg: S. 24

überarbeitete 3. Auflage 2001


Redaktion: Antje Taffelt
Illustration, Grafik und Layout: Oliver Wilking, Berlin
Umschlag: Franziska Dabitz, Berlin
Satz und Lithos: LVD GmbH, Berlin
Druck und Bindung: Proost, Turnhout

Printed in Belgium
ISBN 3-87584-071-2

# Inhalt


Berlin entdecken ... 6
Tolle Türme – Die Stadt von oben ... 8
So klein hat es angefangen: Berlin als Winzling ... 12
Spuren aus alter Zeit ... 14
Das Brandenburger Tor ... 16
Der Potsdamer Platz – Hier ist was los ... 20
Die Mauer ... 24
Berliner Straßen ... 26
Große Busse und schnelle Bahnen ... 30
Spielend durch Berlin – Vom Alex zum Zoo ... 34
Anhalter Bahnhof ... 40
Bahnhöfe – Ick vastehe imma nur Bahnhof! ... 42
Schatzkammern ... 44
Kennst du die Kuppel? ... 48
Leinen los! – Mit dem Dampfer auf der Spree ... 50
Ab ins Wasser ... 52
Die schönsten Brunnen ... 54
Berliner Puzzle von C bis Z ... 56
In Berlin leben ... 58
Hauptstadt der Tiere ... 60
Für schlaue Füchse: Berlin in Rätseln ... 62
Kennste den? ... 66
Berliner Spitznamen ... 68

Sehenswürdigkeiten im Überblick ... 70
Adressen, Öffnungszeiten, Preise ... 72
Des Rätsels Lösung ... 76
Berliner Bastelbögen ... 77

# Berlin Entdecken
## *Da ist die große Stadt …*

***… und wartet darauf, dass du sie entdeckst.***

Deine Reise durch Berlin kann gleich beginnen. Schau einfach in das Buch hinein. Berlin begegnet dir auf jeder Seite. Hier sind seine Türme, dort Bahnhöfe, Schwimmbäder oder die großen Kuppeldächer. Du kannst Bilder ansehen, lesen, Rätsel lösen, basteln oder malen.

Wer eine Stadt entdeckt, der zieht natürlich los und will die spannendsten Orte selbst erkunden. Für große Ausflüge brauchst du Erwachsene, die dich begleiten. Zum Glück machen die meisten gern mit, denn Entdeckerlaune steckt an.

Und los geht die Fahrt:

Schon bald bist du auf dem Fernsehturm, am Potsdamer Platz oder unterm Brandenburger Tor. Und dein Buch ist dabei. Es zeigt dir, was du an Ort und Stelle tun kannst.

Achte auf diese kleinen Litfaßsäulen! Auf allen klebt ein Plakat, das ankündigt: Hier ist eine Suchaufgabe oder ein Spiel, das du **Vor Ort** ausprobieren kannst.

Was heißt **Vor Ort** auf berlinerisch? – „Wenn de da bist."

***Berliner Sehenswürdigkeiten***

Viele von ihnen sind in diesem Stadtführer beschrieben. Falls du etwas Bestimmtes suchst, schau auf den Seiten 70/71 nach. Da stehen alle Sehenswürdigkeiten in alphabetischer Reihenfolge, und du erfährst, wo sie im Buch zu finden sind.

**Adressen, Öffnungszeiten, Preise**

Sie stehen in einem Kapitel am Ende des Buches. Dort erfahrt ihr alles, was man wissen muss, damit der Ausflug gelingt.

Dein Stadtführer zeigt dir verschiedene Wege, auf denen du die Stadt erforschen kannst. Berlin steckt voller Überraschungen. Mach dich auf die Socken, und du wirst sehen: Es gibt immer wieder Neues zu entdecken.

# Tolle Türme

## *Die Stadt von oben*

**Wer sich einer Stadt aus der Ferne nähert, sieht zuerst ihre Türme. Manchmal kann man eine Stadt an ihren Türmen erkennen. So ist das auch in Berlin.**

Mitten in der Stadt steht der Fernsehturm. Er fällt besonders auf, denn er trägt hoch oben eine dicke, silberne Kugel. In diesen Kugelkopf kannst du hineinfahren. Ein Fahrstuhl im Innern des Turms bringt dich hinauf. Wer dort oben ist, sieht auf einen Blick fast die ganze riesengroße Stadt.

Der Fernsehturm am Alexanderplatz ist Berlins höchstes Bauwerk. Bis zur Antennenspitze misst er 368 Meter. Er gehört zu den 16 höchsten Türmen der Welt!

← *Hinter diesen Scheiben befindet sich ein ganz besonderes Restaurant: Es dreht sich. Wer sich hier an einen Tisch setzt und aus dem Fenster sieht, wird in einer halben Stunde einmal rundherum gefahren.*

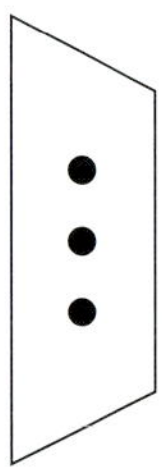

***Mit Schere und Klebstoff:*** *Du findest auf der Bastelseite 77 einen Ausschneidebogen, der genau hierherpasst. Schneide ihn aus, falte und klebe ihn auf die hier markierten Flächen.*

Kleiner, aber mindestens ebenso berühmt, ist der Funkturm. Er steht im Stadtteil Charlottenburg.

Wenn man seine Antenne mitrechnet, ist er immerhin 150 Meter hoch. Ein Fahrstuhl bringt die Besucher zur Aussichtsplattform. Der Blick von oben auf die Stadt ist ein Erlebnis.

Berliner sind Meister im Erfinden von Spitznamen. Auch diese beiden Türme haben einen. Weißt du, wie ihre Spitznamen heißen?

TELESRRAGEL _ _ _ _ _ _ _ _ _ _ _

FUNK _ _ _ _ _ _ _ _ _ _ _ _

**Tipp:** Wenn du die Antwort nicht weißt, kannst du vielleicht jemanden um Rat fragen, der sich in der Stadt auskennt. Außerdem gibt es in diesem Buch auch ein Kapitel über Berliner Spitznamen.

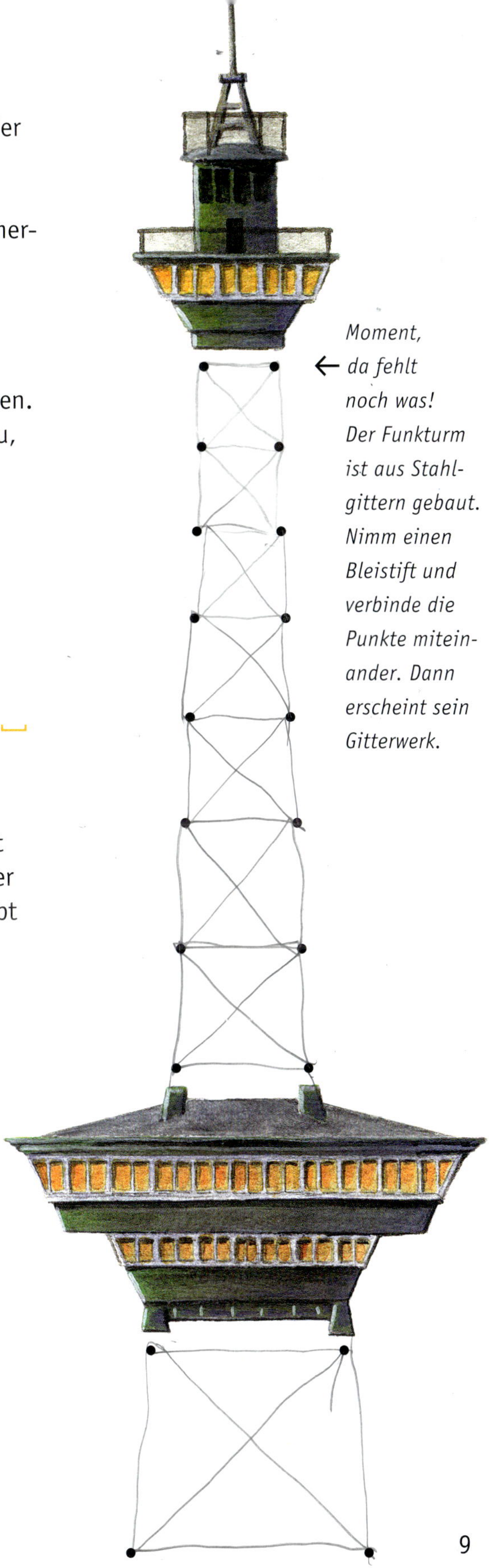

*Moment, ← da fehlt noch was! Der Funkturm ist aus Stahlgittern gebaut. Nimm einen Bleistift und verbinde die Punkte miteinander. Dann erscheint sein Gitterwerk.*

*Jedes Mal, wenn du dann diese Seite aufschlägst, stehen Funk- und Fernsehturm auf und winken sich zu.*

*noch mehr*

# Türme

**Alle Türme, die du hier siehst, haben etwas gemeinsam: Es gibt keinen Fahrstuhl. Da heißt es Treppen steigen.**

204 Stufen führen auf den **Grunewaldturm**.
Er liegt mitten im Grunewald und an einem der beiden großen Berliner Flüsse, an der Havel. Der Turm ist 52 Meter hoch. Von oben siehst du die Havel mit Segelbooten und Motorschiffen. Der Wald rund um den Turm ist riesengroß. Ganz weit hinten, sozusagen am Waldrand, liegt die Innenstadt von Berlin.

Der **Französische Dom** steht mitten in Berlin. Du kannst hier in das Innere seines Turmes hineinsehen. Die Wendeltreppe hat 254 Stufen. Wer sie hinaufsteigt, befindet sich in 40 Meter Höhe und hat den schönsten Rundblick über die Innenstadt Berlins. Der Französische Dom misst bis zu seiner goldenen Spitze 66 Meter. Übrigens: Sein Zwillingsbruder, der **Deutsche Dom**, steht direkt gegenüber.

**Berliner Türme**
*– wie hoch sind sie?*

| | | |
|---|---|---|
| Fernsehturm | 368 | m |
| Funkturm | 150 | m |
| Siegessäule | 67 | m |
| Französischer Dom | 40 | m |
| Grunewaldturm | 52 | m |
| Juliusturm | 30 | m |

*← Ein Vogel, der sich auf der Spitze der Goldfigur niederlässt, sitzt genau 67 Meter hoch.*

*285 Stufen, dann landest du hier → oben.*

Durch eine mächtige Tresortür trittst du in das Innere des Turmes. Du stehst jetzt in einem Raum, der früher als Verlies gedient hat. In diesem dunklen Untergeschoss brachte man Gefangene unter. Die Wendeltreppe, die du dann hinaufsteigst, führt in eine runde Öffnung in der Decke. Sie hieß früher das „Angstloch": Durch dieses Loch wurden die Gefangenen an einem Seil in das Verlies heruntergelassen.
Im ersten Stockwerk siehst du eine Holztür; sie diente damals als Eingang zum Turm. Ins Verlies hinunter kam man nur durch das „Angstloch".

Die **Siegessäule** trägt auf ihrer Spitze eine der berühmtesten Frauen der Stadt:
Ihr Spitzname ist „Goldelse". Eigentlich heißt sie Viktoria, nach der römischen Göttin des Sieges. Viele Kinder sagen, sie sieht aus wie ein goldener Engel.
(Na klar, die Siegessäule ist eigentlich kein Turm. Aber man kann hinaufsteigen und sie als Aussichtsturm benutzen.)

Der älteste Turm in Berlin ist auch der dickste: der **Juliusturm**. Mit 30 Metern Höhe wirkt er heute klein. Aber seine Mauern sind mehr als drei Meter dick. Solche Wände brauchte man auf einer Burg. Wenn Feinde angriffen, diente der Turm den Burgbewohnern als letzter Zufluchtsort. Der Juliusturm hat eine spannende Umgebung. Er bildet einen Teil der Zitadelle Spandau. Das ist eine große Befestigungsanlage mit Wassergraben und hohen Schutzmauern.

## So klein hat es angefangen:
# Berlin als Winzling

**Vor langer Zeit:**
Ein Fluss schlängelt sich durch ein breites Tal. Er tritt oft über die Ufer, deshalb ist das Tal sehr sumpfig. Noch ist die Gegend unbewohnt. Nur wenige Menschen kommen hierher, es sind Fischer oder Jäger.

**Da tut sich etwas:**

*Berlin-Cölln um 1200*

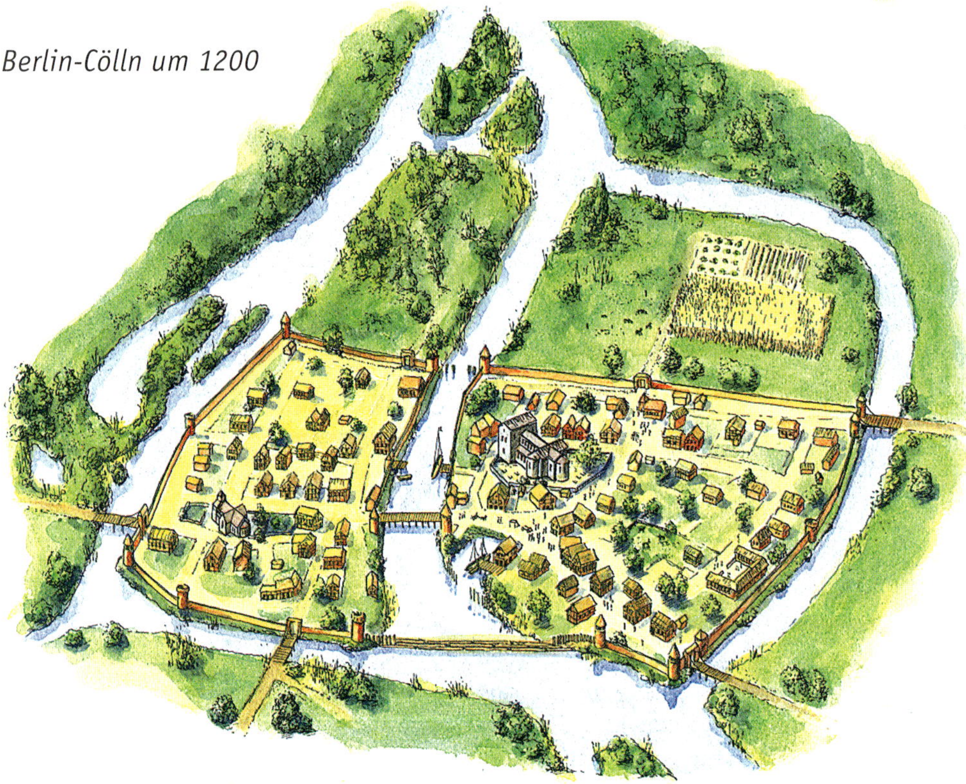

Der Fluss, den du auf dieser Zeichnung siehst, ist die Spree. Wo er sich gabelt, entstehen zwei kleine Siedlungen. In der Mitte des Bildes findest du Berlin. Links daneben liegt Cölln.
Berlin ist also als eine Art Zwilling zur Welt gekommen. Lange Zeit war es ganz eng mit seinem Nachbarort Cölln verbunden. Man sprach von der Doppelstadt Berlin-Cölln.

Warum wählen die Menschen für ihre Siedlung ausgerechnet diesen Ort? – Der Fluss zieht die Menschen an. Hier ist er so schmal und so flach, dass man ihn gut überqueren kann. Kaufleute, die mit ihren Waren über weite Strecken unterwegs sind, machen am Flussübergang gern Rast. Für sie werden Gasthöfe gebaut. Außerdem fahren auf dem Fluss Schiffe, die Handelsgüter heranbringen.

*So sahen die ersten Häuser aus, die in Berlin standen. Darin lebten Handwerker und Kaufleute.*

Bald entstehen in Berlin und Cölln Marktplätze. Kaufleute legen dort ihre Waren aus und verkaufen sie. Bauern aus kleinen Dörfern in der Umgebung liefern Getreide und Holz. Der Markt zieht mehr und mehr Menschen an, das winzige Berlin wächst ...

*Berlin-Cölln um 1300*

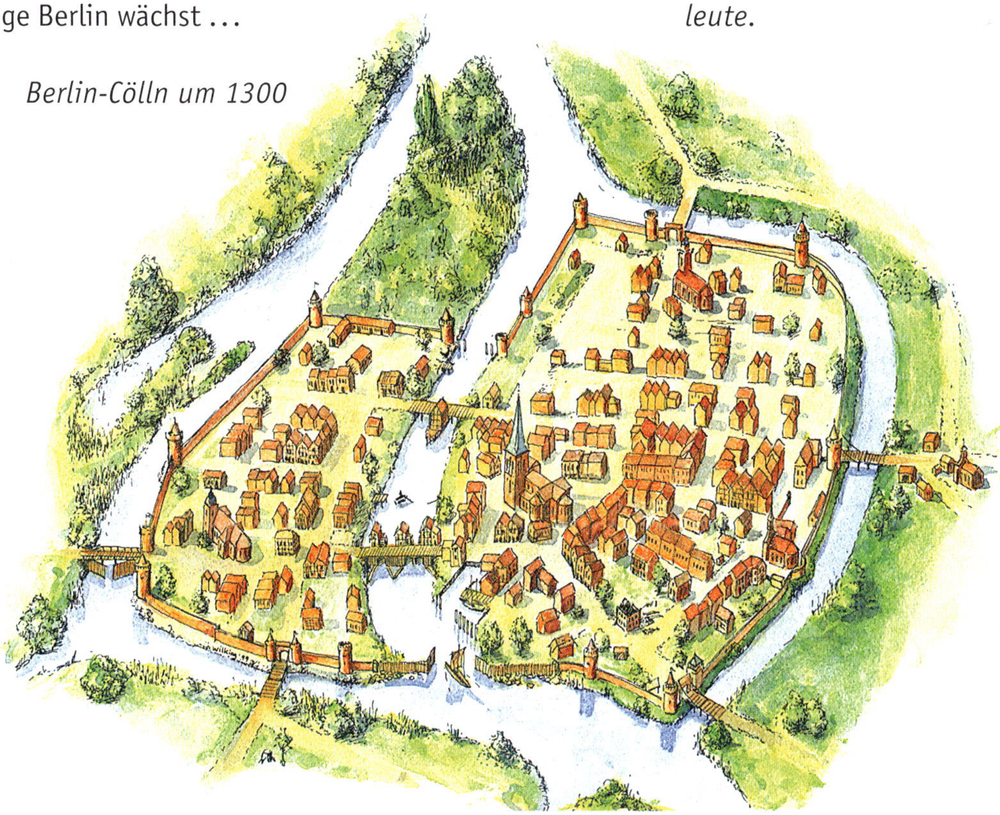

100 Jahre nach seiner Gründung sieht Berlin schon wie eine richtige Stadt aus. Es gibt mehrere Kirchen, große Häuser und eine Stadtmauer mit Wehrtürmen. Ein Damm verbindet Berlin und Cölln. Weil Wassermühlen darauf stehen, heißt er Mühlendamm.

Wenn du diese Seite umblätterst, machst du einen riesigen Zeitsprung. Du wirst sehen, wie es heute an der Stelle aussieht, wo Berlin vor 800 Jahren entstand.

# Spuren aus alter Zeit

**Genau hier ging es los. Wo Berlins allererste Häuser standen, sieht es heute so aus:**

Um 1200 entstand die erste Siedlung. Was ist von damals heute noch übrig? Die kleinen Häuser sind längst verschwunden, ebenso die alten Wassermühlen. An ihrer Stelle steht die Mühlendammbrücke. Übriggeblieben ist nur der Fluss: die Spree. Sie fließt heute wie damals mitten durch Berlin.

| **Das Spree-Rätsel** | **Gesucht wird** |
| --- | --- |
| DAHME | ein Nebenfluss der Spree; er fließt im Bezirk Köpenick mit der Spree zusammen, |
| SPANDAU | der Name eines Berliner Stadtbezirks; hier mündet die Spree, |
| BELLEVUE | ein Schloss; die Spree fließt ganz nah daran vorbei; in diesem Schloss wohnt der Bundespräsident, |
| MÜGGELSEE | ein großer Berliner See; die Spree strömt in ihn hinein und auf der anderen Seite wieder hinaus, |
| MÜHLENDAMM | der älteste Weg über die Spree, der die beiden Städte Berlin und Cölln verband. |

Die roten Felder ergeben von oben nach unten gelesen das Lösungswort.

**Von der Mühlendammbrücke führen Treppen hinunter zum Ufer der Spree. Sammle unterwegs einen Stein auf, oder bring einen mit und wirf ihn in den Fluss. Er sinkt dort auf den Grund der Spree, wo alles anfing.**

Das alte Berlin war klein. Vom Mühlendamm (so heißt heute noch die Straße, die über die Spree führt) genügen ein paar Schritte – und schon stehst du vor der Nikolaikirche. Sie ist das älteste Bauwerk der Stadt. Sieh dir die Wand neben dem Eingang genau an. Sie ist aus großen Feldsteinen gemauert. Diese Steine lagen zur Zeit der Gründung Berlins auf den Feldern. Man hat sie zusammengetragen und mit ihnen eine Wand gemauert. Diese Steinwand stammt tatsächlich noch aus dem uralten Berlin. Die Häuser, die die Kirche umgeben, bilden das Nikolaiviertel. Es soll einen Eindruck davon geben, wie es früher in Berlin aussah. Aber was hier alt aussieht, ist in Wirklichkeit neu – die Häuser wurden erst vor einigen Jahren gebaut.

Berlin war im Mittelalter von einer Stadtmauer umgeben. Sie sollte die Einwohner vor Feinden schützen. Von dieser alten Stadtmauer ist noch ein Rest übrig. Wo du ihn findest, zeigt der rote Pfeil auf dem Straßenplan.

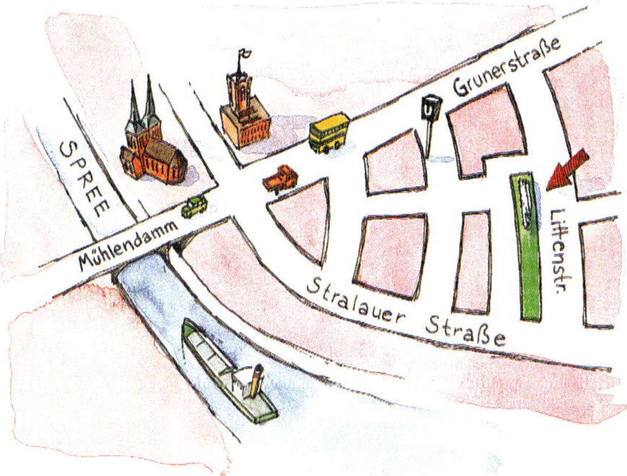

Das Mauerstück steht zwischen Litten- und Waisenstraße. Der obere Teil ist aus Backsteinen gemauert. Darunter besteht die Mauer aus Feldsteinen.

***Tipp:*** Wer mehr über die Geschichte Berlins wissen will, besucht das Märkische Museum. Außerdem gibt es im Berliner Bezirk Zehlendorf das Museumsdorf Düppel. Dort kannst du hautnah erleben, wie sich mittelalterliches Leben in der Umgebung von Berlin abgespielt hat.

# Das Brandenburger Tor

**Besonders groß ist es nicht. Du wirst in Berlin viel größere Bauwerke finden. Was ist also das Besondere daran?**

Schau mal genau hin! Ein einfaches Tor sieht anders aus. Dieses hat immerhin fünf Durchfahrten. Das Tollste aber ist sein Kopfschmuck. Wo gibt es das sonst?

Vier grüne, übermütige Pferde stürmen hoch über das Tor hinweg. Sie ziehen einen Reiterwagen, eine junge Frau hält die Zügel. Scheinbar fällt es ihr schwer, die wilden Pferde zu bändigen. Aber sie schafft es – schließlich ist sie auch nicht irgendwer, sondern die mächtige Friedensgöttin Eirene.

*Du kannst die Quadriga ausmalen. Welche Farbe gibst du ihr?*

**Auge in Auge:**
**Probier es aus! Stell dich einmal seitlich vor das Tor und sieh hinauf zu den Pferden. Ihre wirbelnden Hufe sind zu sehen. Aber da zeigt sich noch etwas: Eins der riesigen Pferde sieht dir geradewegs in die Augen.**
**Es scheint zu fragen:**
**Wer bist du?**

Jedes der Pferde ist beinahe vier Meter hoch und wiegt viele Zentner, denn es besteht aus Kupfer und Eisen. Ein Wagen wie dieser, der von vier Pferden gezogen wird, heißt in der Sprache der alten Römer „Quadriga".

**Geraubt!**

Die Quadriga stand noch gar nicht lange auf dem Tor, da wurde sie auch schon geraubt. Der französische Kaiser Napoleon hatte die preußische Armee geschlagen, und zum Zeichen seines Sieges befahl er: Holt sie vom Tor herunter, und bringt sie nach Paris! Die Quadriga blieb mehrere Jahre in der Hauptstadt Frankreichs. Dann konnte man sie in einem großen Triumphzug wieder nach Berlin zurückholen. Seitdem sind die Berliner besonders stolz auf ihr Tor mit der Quadriga.

← ***Hier fehlt was!***
*Der Platz vor dem Tor ist nach einer großen europäischen Hauptstadt benannt. Wie heißt er?*

**Wahrzeichen Berlins:**
*Auf allen möglichen Andenken ist es abgebildet. Das Brandenburger Tor ist für Menschen auf der ganzen Welt ein Erkennungszeichen. Sie sehen das Tor und denken im gleichen Augenblick: Berlin! Warum das so ist, erfährst du auf der nächsten Seite.*

# Das Tor

**ist weltberühmt. Warum?
Das Tor hat ganz verschiedene Zeiten erlebt. Dabei stand es oft im Mittelpunkt der Ereignisse.**

**1800** Das Brandenburger Tor war damals noch ein echtes Stadttor. Polizei- und Zollwachen kontrollierten, wer in die Stadt hereinkam und wer sie verließ. Nur Wagen des Königs durften die breite Durchfahrt in der Mitte benutzen. Andere Wagen und Reiter mussten die vier schmaleren Durchfahrten nehmen. Aber Fußgänger konnten ihren Durchgang frei wählen!

**Für Berlin-Detektive**:
Wo ist der Mann mit dem Schwert? Er sitzt neben dem Tor, aber ein bisschen versteckt. Findest du ihn? Es handelt sich um den Kriegsgott Mars. Das Brandenburger Tor sollte aber ein Tor des Friedens sein. Deshalb sehen wir den Gott in dem Moment, da er sein Schwert friedlich in die Scheide zurücksteckt.

**1962** Zwischen Ost- und Westberlin steht die Mauer, die beide Stadthälften voneinander trennt. Das Brandenburger Tor steht direkt im Mauerstreifen und ist damit stillgelegt: Niemand kommt hier durch.

**1945** Am Ende des 2. Weltkriegs ist das Brandenburger Tor schwer beschädigt und die Quadriga zerstört. Bis das Tor wiederaufgebaut und die Quadriga nachgebildet ist, vergehen viele Jahre.

Geh ganz nah an eine der Torsäulen heran. Du kannst dann mit deinen Händen den rauhen Stein spüren.
Außerdem siehst du viele kleine Löcher und helle Putzstellen. Dort wurden größere Schäden repariert. Das sind vor allem Spuren des Krieges. Unzählige Gewehrkugeln und Granatsplitter waren in die Säulen eingedrungen.

**1989** Eine große Überraschung:
Die Grenze, die quer durch Deutschland und quer durch Berlin lief, wird geöffnet. In alle Welt gehen Fernsehbilder, die zeigen, was am Brandenburger Tor geschieht. Menschen steigen auf die Mauer und kommen dem Tor so nahe wie seit vielen Jahren nicht mehr. Bald darauf ist die Mauer weg und das Tor wieder ein Tor: Wer will, kann hindurchgehen. Das Brandenburger Tor wird zum Zeichen für das Ende der Teilung Deutschlands.

# Der Potsdamer Platz

## *Hier ist was los*

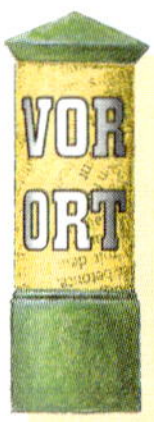


**Du siehst auf diesem Platz drei mächtige Silberrohre, die sich schräg in die Erde bohren. „Was soll denn das?" denken viele Passanten und gehen kopfschüttelnd vorbei. Untersuche du doch die Röhren einmal genauer und versuche herauszufinden, wozu sie dienen. Des Rätsels Lösung findest du auf der gegenüberliegenden Seite – in Spiegelschrift.**

Vor den Hochhäusern steht dieser grüne Turm. So sah Deutschlands erste Verkehrsampel aus! Sie stand seit 1924 auf dem Potsdamer Platz. Das Foto zeigt den alten Verkehrsturm, den es längst nicht mehr gibt. Aber die berühmte Ampel mit fünf Ecken wurde unverändert nachgebaut. Übrigens, hinter den Glasscheibe des Turmzimmerchens saß ein Verkehrspolizist. Er regelte die Ampelanlage durch Knopfdruck. Wie ist er da bloß hinaufgekommen? Irgendetwas fehlt an der nachgebauten Ampe wohl doch …

**Kein Ort in Berlin hat sich so sehr verändert wie dieser. In den letzten Jahren entstanden hier aufregende Neubauten.**

Die Lösung liegt im Spiegel!

Die Silberrohre sind Lichtröhren. An ihrer Spitze befinden sich verstellbare Spiegel. Sie fangen das Sonnenlicht ein und lenken es durch die mit Lichtleitfolie versehenen Röhren. Die unterirdischen Bahnhofshallen werden so mit Tageslicht versorgt. Zwei Röhren sind 14 Meter, eine ist 21 Meter lang. Geh einmal ein Stockwerk tiefer und schau nach, wo die Röhren durch die Hallendecke stoßen.

# Der Potsdamer Platz

**Achte auf das Haus mit dem Türmchen! Es ist auf jedem Foto zu sehen.**

Der Potsdamer Platz war einmal der Verkehrsknotenpunkt Berlins. Menschen, Autos, Straßenbahnen und Busse strömten hier zusammen.

Im 2. Weltkrieg werden Häuser und Straßen zerstört. Der Potsdamer Platz endet als Trümmerlandschaft.

Die Mauer, die Berlin teilt, verläuft quer über den Platz. Er verwandelt sich in eine Einöde. Nur ein einziges Haus wird noch von Menschen bewohnt. Es ist das Weinhaus Huth.

Jahre nach dem Abriss der Mauer ist wieder alles anders. Der Potsdamer Platz wird zu einem neuen Treffpunkt mit Geschäften, Theatern und Kinos. Wieder strömen die Menschen hierher. Und das Haus mit dem Türmchen?

Zu den ganz besonderen Bauwerken auf dem Platz zählt diese große Kuppel. Sie wurde auf einmalige Art gebaut. Man hat einen riesigen Ballon aufgeblasen. Arbeiter sind dann in den Ballon hineingegangen und haben ihn von innen mit Beton ausgespritzt. So entstand ein stabiler Innenraum.

***Tipp:*** Vielleicht sitzt du selbst einmal darin, denn aus dem Luftballon wurde das Kuppelkino IMAX. Es zeigt vor allem Naturfilme. Die Bilder erscheinen auf der Kugelleinwand so groß, dass jeder Zuschauer meint, er sei mitten im Geschehen.

Was machen die denn da?
Rot und Blau stehen im Wasser und boxen – auf besondere Art …
Geschaffen hat diese Figuren der amerikanische Künstler Keith Haring.

***Tipp:*** Auf dem Platz vor dem IMAX-Kino gibt es einen kleinen Wasserlauf. Folge ihm, dann findest du auch zu den Boxern.

# Die Mauer

**Dieses Berliner Bauwerk war in der ganzen Welt berühmt. Heute ist es verschwunden Niemand ist traurig darüber, im Gegenteil ...**
Fast 30 Jahre lang war Berlin eine geteilte Stadt. Eine Mauer lief mitten hindurch. Sie war Teil der scharf bewachten Grenze zwischen Ost- und Westberlin.

In dieser Situation waren viele Menschen unglücklich. Die Berliner konnten sich nicht fre in ihrer Stadt bewegen. Wer versuchte über die Mauer von Ost nach West zu fliehen, riskierte sein Leben. Die Grenzsoldaten hatten den Befehl, auf Flüchtlinge zu schießen. Immer wieder geschah es, dass Menschen bei Fluchtversuchen starben.

*So sah die Grenze aus, die sich durch die ganze Stadt zog:*

1. *Mauer (Westberliner Seite)*
2. *Mauer (Ostberliner Seite)*
3. *Graben als Fahrzeugsperre*
4. *Weg für die Grenztruppen*
5. *Beleuchtungsmast*
6. *Wachturm*
7. *Kontaktzaun mit*
8. *Alarmanlage*

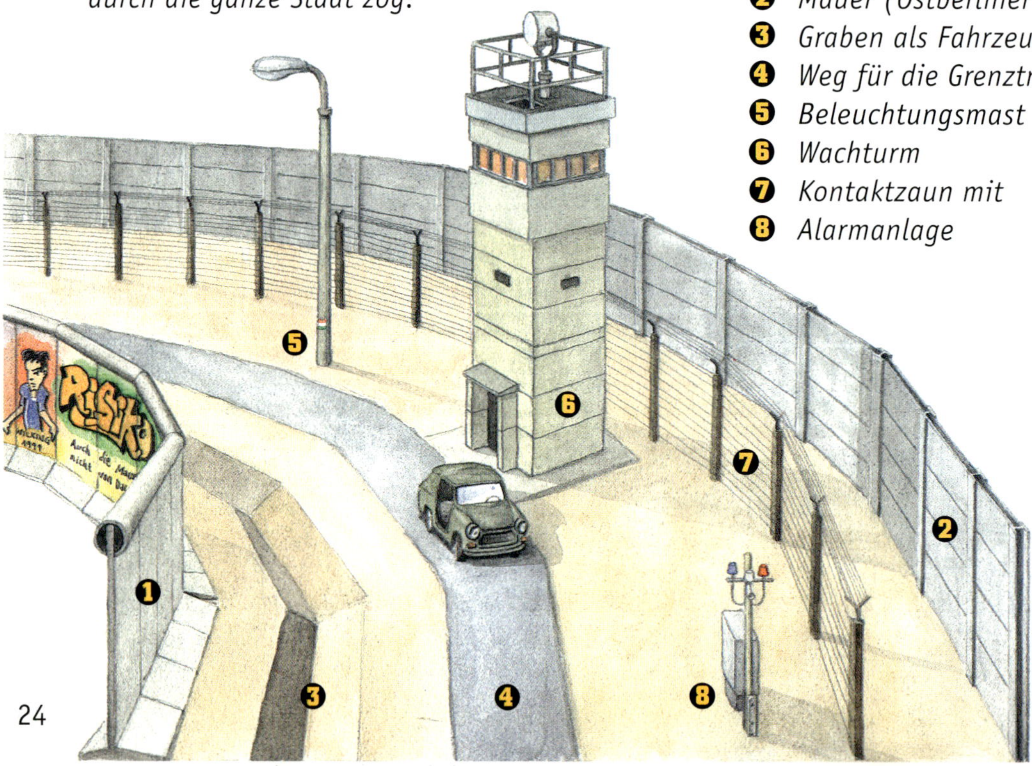

Viele Menschen wollten sich mit der trennenden Mauer nicht abfinden. Manche gruben Tunnel und benutzten Leitern, Drahtseile und besondere Fluchtautos, um über die Grenze zu kommen. Die Flüchtlinge hatten oft viel Mut und Phantasie, aber nur wenige Fluchtversuche gelangen. Schließlich sorgte der Widerstand der Menschen dafür, dass die Mauer fiel. Seit 1990 ist Berlin wieder eine Stadt. Alle Teile Berlins gehören zusammen.

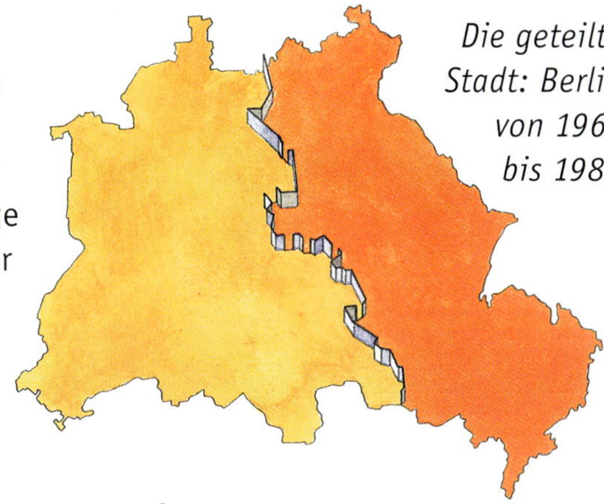

*Die geteilte Stadt: Berlin von 1961 bis 1989*

**Du kannst dir ein Stück der Berliner Mauer ansehen. Es steht in der Bernauer Straße, nur ein paar Schritte von der S-Bahn-Station „Nordbahnhof" entfernt. Hier ist die „Gedenkstätte Berliner Mauer". Wenn du an einer der hohen Stahlwände entlanggehst, entdeckst du einen schmalen Zugang, der dich hinter die Mauer führt. Es gibt Schlitze in der Mauer. Durch sie kannst du in den abgeriegelten Mauerstreifen hineinspähen.**

***Tipp:*** Am Abend, nach Einbruch der Dunkelheit, leuchten die Grenzlampen. In ihrem kalten Licht zeigt sich noch deutlicher, welchen Schrecken diese Mauergrenze einmal verbreitet hat.

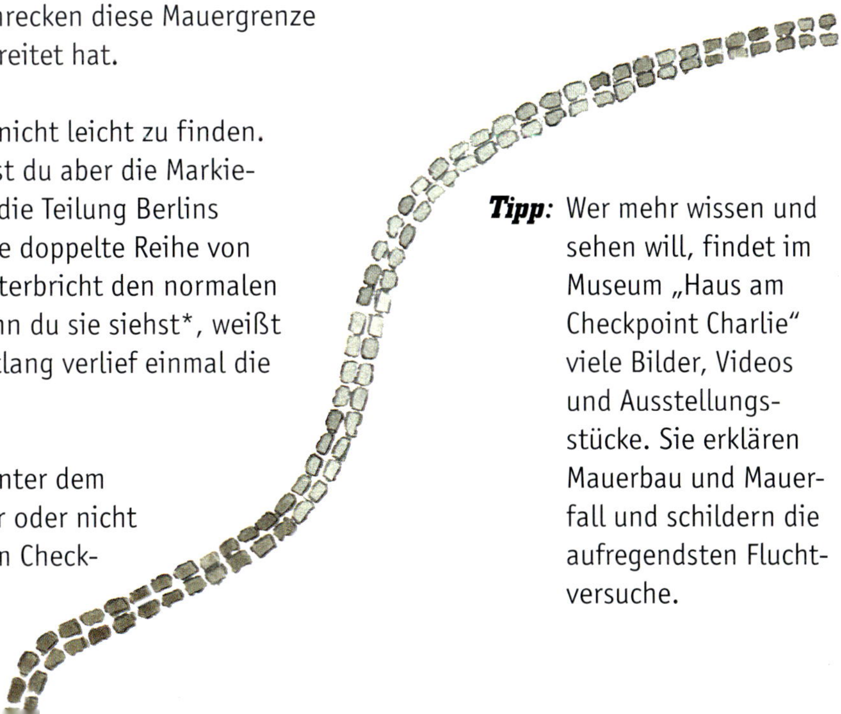

Mauerspuren sind nicht leicht zu finden. Vielleicht entdeckst du aber die Markierungslinie, die an die Teilung Berlins erinnern soll. Diese doppelte Reihe von Pflastersteinen unterbricht den normalen Straßenbelag. Wenn du sie siehst*, weißt du: Genau hier entlang verlief einmal die Berliner Mauer.

* Zum Beispiel: hinter dem Brandenburger Tor oder nicht weit vom „Haus am Checkpoint Charlie".

***Tipp:*** Wer mehr wissen und sehen will, findet im Museum „Haus am Checkpoint Charlie" viele Bilder, Videos und Ausstellungsstücke. Sie erklären Mauerbau und Mauerfall und schildern die aufregendsten Fluchtversuche.

# Berliner Straßen

Die Leonhard-Frank-Straße in Pankow: Kleine Einfamilienhäuser liegen versteckt in Gärten.

Die Rykestraße in Prenzlauer Berg: Hier stehen die typischen Berliner Mietshäuser. Hausdurchgänge führen in enge Hinterhöfe.

Die Klützer Straße in Marzahn: Wer hier lebt, wohnt vielleicht im 4., 8. oder 12. Stockwerk und kann von dort oben weit gucken …

**Meine Straße – hier wohne ich:**

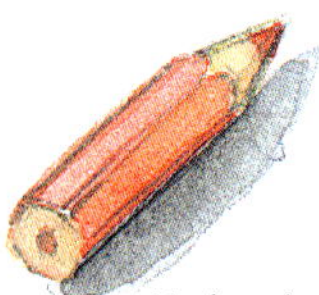

*Male ein Bild oder klebe ein Foto ein.*

**Entdeckungen am Straßenrand:**

Sehr selten geworden ist das „Café Achteck“. Diesen Namen tragen in Berlin die achteckigen Bedürfnisanstalten (es sind Stehklos für Jungen und Männer).

Es gibt sie noch: die schönen Wasserpumpen. Und wie man sieht, funktionieren sie auch.

Litfaßsäulen sind eine Berliner Erfindung. Der Buchdrucker Ernst Litfaß ließ 1855 in Berlin die ersten Säulen aufstellen.

Sie werden oft übersehen und sind doch für uns alle lebenswichtig: Straßenbäume.
Die Berliner Luft wird von Autoverkehr, Industrie und Heizungen verschmutzt. Die Bäume helfen mit, unsere Atemluft zu verbessern.
Berliner Baumrekord: In Berlin stehen mehr Straßenbäume als in irgendeiner anderen Stadt Europas.

***Tipp:*** Wenn es im Sommer lange Zeit heiß und trocken ist, kannst du einem Straßenbaum etwas Gutes tun. Such dir einen Baum in deiner Nähe und begieß ihn täglich mit drei oder vier Eimern Wasser. So hilfst du ihm, die Trockenheit besser zu überstehen.

# Die drei bekanntesten Straßen

**Der Kurfürstendamm**
Wer Berlin besucht, will einmal hier entlangbummeln. Und wer in der Stadt wohnt, will ihn früher oder später auch kennenlernen – kein Wunder also, dass auf dem Kurfürstendamm immer was los ist.

Der Kurfürstendamm wird oft nur „Ku'damm" genannt. Er beginnt dort, wo ein berühmtes Wahrzeichen der Stadt steht – **die Gedächtniskirche.**
Am Anfang einer glitzernden Einkaufsstraße steht eine Turmruine. Warum? Man hätte sie wegräumen oder reparieren können. Das geschah nicht, denn hier soll sichtbar bleiben, welche Folgen der Krieg hatte, der fast ganz Berlin zerstörte. Die Gedächtniskirche ist ein Mahnmal gegen den Krieg.

Früher sah die Kirche so aus:

Heute ist soviel übrig:

Neben den alten Turm wurden zwei neue Kirchengebäude gesetzt. Jedes der drei Bauwerke hat einen typischen Berliner Spitznamen abbekommen: **Lippenstift**, **Puderdose** und **Hohler Zahn**. Kannst du die Namen richtig verteilen?

***Tipp:*** An den Kurfürstendamm schließt sich die Tauentzienstraße an. Hier steht das größte Kaufhaus Deutschlands: das KaDeWe (**Ka**ufhaus **de**s **We**stens). Es ist das Lieblingskaufhaus vieler Berliner. Auf acht Stockwerken gibt es alles Mögliche zu kaufen. Und in seinen vielen Gängen können Kinder und Erwachsene sich wunderbar verlaufen.

## Unter den Linden

So heißt Berlins Prachtstraße. Mit über 60 Metern ist sie sogar noch breiter als der Ku'damm! Die vielen Lindenbäume, die die Straße säumen, gaben ihr den Namen.

Auffallend schön ist die Lindenallee an ihren beiden Enden. Auf der einen Seite läuft sie auf das Brandenburger Tor zu.

Und am anderen Ende der Straße bietet sich dieser Anblick. Hier stehen zwar keine Linden, aber dafür gibt es alte, prachtvolle Gebäude ...

## Die Friedrichstraße

Sie verläuft schnurgerade von Norden nach Süden und kreuzt dabei die Straße „Unter den Linden". Diese Straßenkreuzung ist seit langem eine der belebtesten in der Stadt. Fotografen haben sie schon vor 100 Jahren besonders gern fotografiert.
Die Friedrichstraße war bei den Berlinern beliebt wegen ihrer Cafés, Lokale und Läden. Im 2. Weltkrieg wurde sie völlig zerstört. Heute hat die Friedrichstraße wieder viele neue Häuserblocks mit Büroräumen und Geschäften.

***Tipp:*** Die Weidendammer Brücke trägt die Friedrichstraße über die Spree. Es lohnt sich, diese Brücke am Abend zu besuchen. Über ihr schmiedeeisernes Geländer hinweg hast du einen aufregenden Blick auf die Stadt.

# Große Busse & schnelle Bahnen

**Mit Bus und Bahn die Stadt entdecken Berliner Busse und Bahnen bringen täglich viele Menschen zur Arbeit, zur Schule, zum Einkaufen, ins Kino und sonst wohin. Aber sie stehen auch jeden Tag bereit für ein aufregendes Abenteuer: Wir können einsteigen, losfahren und Berlin entdecken. Was wir brauchen, ist ein gültiger Fahrschein (die Tageskarte für Einen-Tag-lang-endlos-Fahren kostet ab 1. 1. 2002 für Kinder 4,10 € und für Erwachsene 6,10 €) und ein guter Stadtplan, in dem alle Bus- und Bahnlinien verzeichnet sind.**

Doppeldecker-Busse gehören zu Berlin – und das schon seit langem. Dieser Decksitzautobus fuhr vor ungefähr 90 Jahren durch die Stadt. Er war ein Vorläufer des Doppeldeckers. Wer hier auf dem Oberdeck saß, hatte noch kein Dach über dem Kopf. Siehst du den kleinen, schwarzen Pfeil? Er sitzt über der Nummer 12, die die Buslinie angibt. Der Pfeil war beweglich und zeigte an, in welche Richtung der Bus gerade fuhr.

Was ist ein **Großer Gelber**?
Ein Doppeldecker wie dieser hier:
Er ist zur Zeit das neueste Busmodell.

Ein Großer Gelber bietet viel Platz. Nur die besten Plätze sind knapp. Wo sie sich befinden, ist klar …

***Tipp:*** Solch ein „Schnauzenbus" fährt schon lange nicht mehr auf unseren Straßen. Aber du kannst dir ein kleines Modell bauen. Auf Seite 79 findest du einen Bastelbogen.

In Berlin fahren mehr Straßenbahnen als in jeder anderen deutschen Stadt. Und das, obwohl es Tramlinien (fast) nur in Ostberlin gibt.

Diese beiden Wagentypen werden dir oft begegnen:

Das ist eine moderne Niederflurbahn. Wer sie betritt, muss keine Treppen steigen, denn der Wagenboden liegt ganz niedrig.

Das ist eine Tatra-Bahn.

Vier Plätze mit besonderer Aussicht liegen ganz hinten, aber nur in den Niederflurwagen.

**Straßenbahn fahren in Berlin:**

Mitten in der Stadt …

Die Linie 1 auf der Fahrt über die Weidendammer Brücke (Friedrichstraße)

und jwd (janz weit draußen) …

Die Linie 68 auf der Fahrt nach Alt-Schmöckwitz

Sie ist schnell und heißt deshalb zu Recht die „Stadtschnell-Bahn". Außerdem hat sie ein ganz besonderes Streckennetz.
Die S-Bahn umrundet und durchfährt die Mitte Berlins.

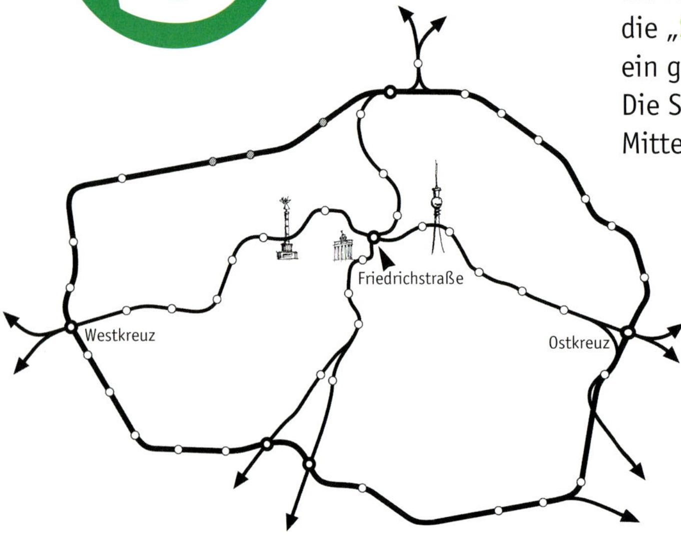


Die sogenannte **Ringbahn** bildet einen riesigen Kreis. Diese Strecke, die viele Jahre stillgelegt war, wird heute wiederhergestellt. Sie wird im Jahr 2002 rundherum fertig sein. Dann kannst du mit der S-Bahn so lange im Kreis um die Innenstadt herumfahren, bis dir schwindlig wird.

Auf der **Nord-Süd-Linie** gleicht die S-Bahn einer U-Bahn. Sie fährt im Tunnel unter der Berliner Mitte durch.

Auf der **Stadtbahnstrecke** rollt die S-Bahn mitten durch Berlin. Damit sie dem übrigen Verkehr nicht in die Quere kommt, fährt sie auf Viadukten. So nennt man Überführungen, die von Rundbögen getragen werden. Über 700 solcher Bögen gibt es. In viele sind Geschäfte und Lokale eingezogen. Wer hier zu Mittag isst, hört, wie über ihm die Bahnen rattern.

**Die Stadtbahn und die Spree:**
Beide schlängeln sich durch die Innenstadt. Und sie berühren sich. Du wirst es sehen, wenn du mit der S-Bahn die Strecke der Stadtbahn befährst – zum Beispiel vom Ostbahnhof zum Zoologischen Garten.
Frage: Wie oft führen Brücken die Stadtbahn über die Spree?
1x ❑ 2x ❑ 3x ❑ 4x ❑

Sie darf im Verkehr einer großen Stadt nicht fehlen. Während Fußgänger auf den Bürgersteigen und Autos auf der Straße unterwegs sind, rast unter ihnen die **U**ntergrund**bahn** durch den Tunnel.

Manchmal kommt die U-Bahn auch ans Tageslicht. Hier fährt ein Zug der Linie 1 über die längste Brücke Berlins, die Oberbaumbrücke.

**Die U-Bahn-Schlange:**
**Es lohnt sich, eine der neuen U-Bahnen auszuprobieren. Ihre Wagen sind nicht voneinander getrennt. Du kannst vom Ende des Zuges bis ganz nach vorn durchlaufen. Stell dich dort mal mit dem Rücken an die Wand der Fahrerkabine. Du siehst dann in den fast 100 Meter langen Fahrgastraum. Während der Fahrt beginnt der Zug zu „tanzen". In jeder Kurve biegt und windet er sich wie eine Schlange.**

Du kannst auch dem U-Bahn-Fahrer bei seiner Arbeit zusehen. Schau durch eine der Glastüren in den Führerstand. (Noch gibt es wenige solcher Züge. Mit etwas Glück triffst du sie auf den Linien 5, 7 oder 8.)

*Spielend durch Berlin*

# Vom Alex zum Zoo

**Der Ausflug, den wir vorschlagen, führt quer durch die Stadt. Er ist zugleich eine spannende Spiel- und Rätselfahrt. Wie geht das? Du wirst mit der Straßenbahn um Ecken kurven, mit der S-Bahn durch Tunnel rasen, mit dem Bus durchs Brandenburger Tor fahren, durch den Tiergarten spazieren und (vielleicht) über den Neuen See rudern. Unterwegs gibt es viel zu sehen und zu erleben. Wir haben außerdem Rätsel- und Suchspiele auf dem Weg verstreut. Die folgenden Seiten zeigen dir, wo du sie findest.**

Du kannst mit Opa oder Oma, Eltern, Geschwistern oder einer Kindergruppe unterwegs sein. Wichtig ist: Mindestens ein Erwachsener muss dabei sein! Ihr braucht für den ganzen Ausflug zwei bis drei Stunden Zeit. Vielleicht auch länger, denn es macht Spaß sich **nicht** zu beeilen! Für die Fahrt mit Bahn und Bus kauft ihr am besten eine Tageskarte.

**Alexanderplatz**

Der Ausflug beginnt auf dem **Alexanderplatz**, kurz „Alex" genannt. Guck dich mal um. Auf dem Platz steht eine sehr bekannte Uhr. Wie heißt sie?

_ _ _ _ _ _ _ _ _ _ _ (5)

Sieh sie dir genau an. Was ist das Besondere an dieser Uhr?

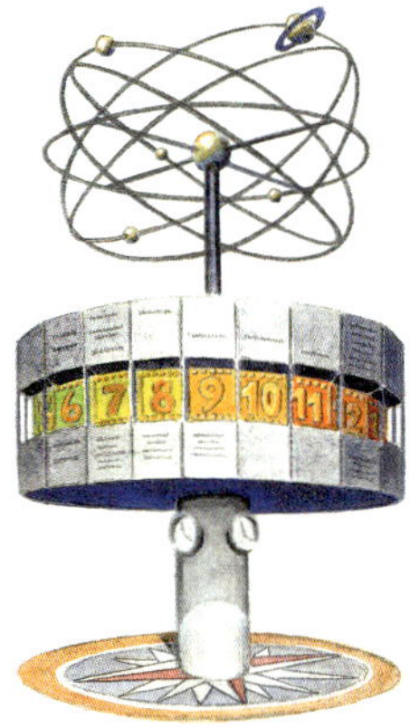

Mitten auf dem riesigen Alexanderplatz gibt es eine Haltestelle der Straßenbahn. Wenn dort eine Bahn mit dem Fahrtziel **Hackescher Markt** vorfährt: **Bitte einsteigen!** (Linien 2, 3, 4, 5 oder 6)

Marienkirche

Es geht am Bahnhof Alexanderplatz und am Fernsehturm vorbei. Achtung! Auf der linken Seite siehst du gleich ein sehr altes Bauwerk. Es ist Berlins zweitälteste Kirche: die **Marienkirche**. Welche Farbe hat ihre Turmspitze?

_ _ _ _ (6)

Hackescher Markt

Die Fahrt dauert nicht lange. Schon kommt die Ansage: Endhaltestelle, bitte alle aussteigen!

Vor dir liegt der **S-Bahnhof Hackescher Markt.** Die S-Bahn fährt hier als Hochbahn. Hörst du, wie über dir eine S-Bahn vorbeikommt? Manchmal sieht man oben auch einen weißen ICE vorbeirauschen.

Der Weg führt durch einen der Rundbögen unter den S-Bahn-Gleisen hindurch. Auf der anderen Seite die Straße überqueren und diese Straßenecke anpeilen!

Hackesche Höfe

Berlin ist eine Stadt, in der es viele Höfe und Hinterhöfe gibt. Aber diese hier sind etwas Besonderes. In den **Hackeschen Höfen** kann man wohnen, arbeiten, einkaufen, ins Kino, Theater oder Café gehen und – spielen! Es gibt acht Höfe, die alle miteinander verbunden sind. Hof V (gar nicht so leicht, ihn zu finden) ist der Kastanienhof. Dort findet ihr einen kleinen Spielplatz und Bänke zum Ausruhen.

Unser Weg führt jetzt weiter durch die **Oranienburger Straße.** Ihr könnt zu Fuß gehen oder zwei Stationen mit der Straßenbahn fahren. Die Linien 1, 6 und 13 fahren direkt vor dem Eingang zu den Hackeschen Höfen ab. Wer mit der Straßenbahn fährt, steigt an der Haltestelle S-Bahnhof Oranienburger Straße aus.

Oranienburger Str.

Findest du das prächtige Gebäude mit drei goldgeschmückten Kuppeln? Das ist die Neue

_ _ _ _ _ _ _ _

2

# Spielend durch Berlin

Postfuhramt

An der nächsten Straßenecke erwartet dich dieser Anblick: das alte **Postfuhramt**. In seinem Hof standen früher Ställe für 250 Pferde. Postkutschen und Postwagen fuhren von hier in alle Richtungen.

Steig die Treppe zum Eingang hinauf, und guck dir die vier Steinfiguren im Türbogen an. Ein kleiner Postbote, der wie ein Engel aussieht, hat einen Geldsack in der Hand und hält auf seiner Schulter ein gutverschnürtes

_ _ _ _ _
7

Oranienburger Str.

Wo dieses Schild leuchtet, geht es weiter.

Eine Treppe führt euch hinunter zur S-Bahn. Wie man hier sieht, spielt die Berliner S-Bahn manchmal auch U-Bahn und fährt unter der Erde. Auf dem Bahnsteig wartet ihr auf die nächste Bahn in Richtung Wannsee. Einsteigen könnt ihr auch in Züge nach Blankenfelde, Lichtenrade oder Lichterfelde-Süd.

**Hör genau hin!**
Straßenbahn und S-Bahn machen verschiedene Geräusche.

Die Straßenbahn fährt ungefähr so: Jiiirm-quietsch-juuuuuuurrmuuuurm

Und die S-Bahn? ..........................................................................
Versuch mal, ihre Geräusche in Buchstaben nachzuahmen!

Unter den Linden

Nach der Station „Friedrichstraße“ kommt **„Unter den Linden“ – Bitte aussteigen!** Am besten den Ausgang nehmen, der in Fahrtrichtung eurer S-Bahn liegt, und auf der Treppe rechts halten.

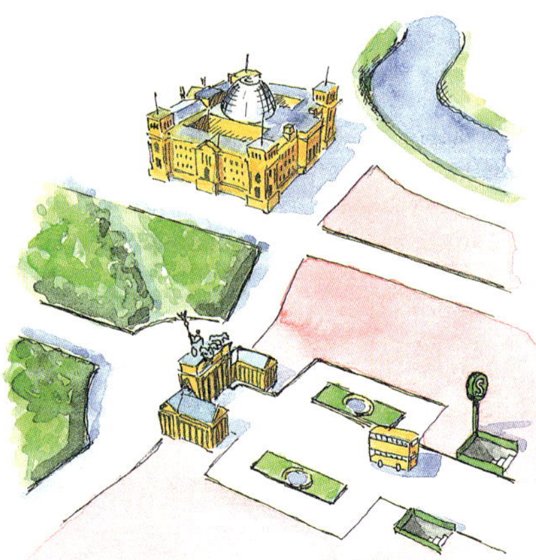

Oben angekommen, stehst du vor dem **Brandenburger Tor**. Schlag in diesem Buch die Seiten 16 – 19 auf. Dort steht, was du hier alles tun kannst; außerdem erfährst du vieles über das berühmte Bauwerk.

Mit diesem Bus geht die Fahrt weiter. Die Haltestelle befindet sich am **Pariser Platz**. Achtung, jetzt geht es Schlag auf Schlag! Du tust, was früher nur der König und sein Gefolge durften – du fährst mitten durchs Brandenburger Tor.

Pariser Platz

Brandenburger Tor

Der Bus biegt um die Ecke, und gleich darauf siehst du rechts ein mächtiges Bauwerk mit einer gläsernen Kuppel in der Mitte. Das ist der _ _ _ _ _ _ _ _ _
3

???

Hier tagt das deutsche Parlament, der Bundestag. Im großen Sitzungssaal kommen die Vertreter aller Parteien zusammen und fassen wichtige Beschlüsse. Berlin ist Deutschlands Hauptstadt und Sitz der Regierung. Deshalb steht nicht weit von hier auch das Kanzleramt, das Haus, in dem der Bundeskanzler arbeitet.

Ein auffälliges Gebäude mit einem geschwungenen Dach erscheint auf der rechten Seite. Das **Haus der Kulturen der Welt** trägt einen der berühmtesten Berliner Spitznamen:

_ _ _ _ _ _ _ _ _ _   _ _ _ _ _ _
1 4

Haus der Kulturen

Der Bus fährt nun an einem Fluss entlang – wie heißt er? _ _ _ _ _
11

Du siehst dann, wieder auf der rechten Seite, ein Schloss. Es heißt „**Bellevue**". Hier wohnt der

_ _ _ _ _ _ _ _ _ _ _ _ _ _ _
10

Wenn auf dem Dach die Flagge weht, ist er zu Hause.

Schloss Bellevue

Geradeaus taucht die **Siegessäule** auf. Der kreisrunde Platz, der sie umgibt, heißt „Großer Stern". Hier bitte aussteigen!

Siegessäule

**Achtung!** Auf keinen Fall über die Straße auf die Säule zurennen! Der Autoverkehr lässt das nicht zu. Außerdem gibt es einen viel besseren Weg. Ihr geht in eins der Torhäuser und steigt in einen Tunnel, der unter der Straße hindurch zur Siegessäule führt.

***Tipp:*** Im Tunnel gibts ein Echo. Wenn du pfeifst oder rufst, hörst du, wie es widerhallt. (Erwachsene Begleiter: Bitte Ohrenschützer anlegen!)

# Spielend durch Berlin

Siegessäule

Hoch über dir siehst du jetzt die riesige Siegesgöttin. Ihr Gewand bauscht sich im Wind. Hat sie es eilig? Ihr goldener Fuß ist zu sehen. Welche Schuhgröße hat die Dame? Versuch das herauszubekommen!

Schuhgröße: _ _ ***Tipp:*** Fragen hilft!

In Berlin konnte eine so herausgehobene Person nicht ohne Spitznamen bleiben. Auf der **Siegessäule** thront die _ _ _ _ _ _ _ _ (9)

Wer genug Kraft in den Beinen hat, sollte nun unbedingt die Wendeltreppe hinaufsteigen. Nach der 285. Stufe betrittst du die Aussichtsplattform und genießt einen tollen Ausblick.

***Tipp:*** Auch die kleine Ausstellung im Untergeschoss angucken! Dort sind interessante Bilder zu sehen. Sie zeigen dir, was alles mit dieser Säule und um sie herum passiert ist.

Tiergarten

Unser Ausflug führt jetzt in den **Tiergarten** hinein. Viele Straßen und Wege zweigen vom Großen Stern ab. Versuche mit Hilfe der Karte den richtigen Weg zu finden!

Seid ihr in der Fasanerieallee, dann geht es geradeaus weiter. Der Tiergarten ist **der** Erholungspark in der Berliner Innenstadt. Probiert am besten gleich mal aus, wie gut man sich in ihm ausruhen und erholen kann.

Neuer See

***Tipp:*** Die Allee ganz hinuntergehen und rechts einbiegen. Dann steht ihr am Ufer des Neuen Sees. Dort liegt direkt am Wasser ein schönes Café, und hier gibt es Ruderboote. Rudert bei schönem Wetter auf den See hinaus, und lasst euch zwischen den kleinen Inseln einfach treiben.

Jetzt bist du im Kartenlesen vielleicht schon ein bisschen geübt. Hier siehst du, wie der Weg wieder aus dem Tiergarten herausführt:

Vom Neuen See sind es nur wenige Meter bis zum **Landwehrkanal.** Vor der Brücke geht der Weg hinunter zum Ufer und dann nach links am Kanal entlang. Nach dem Überqueren der Stülerstraße erreicht ihr den Lützowplatz. Die Bushaltestelle ist nicht zu übersehen. Dort steigt ihr noch einmal in den 100er-Bus in Richtung Zoologischer Garten.

Nach zwei Busstationen taucht rechts ein schönes Tor auf. Es ist ein Eingang zum Zoo und heißt

_ _ _ _ _ _ _ _ _ _ _ _
(Buchstabe 2: 8)

Am Ende eures Ausflugs kommt ihr an der **Gedächtniskirche** vorbei und steigt schließlich vor dem Bahnhof Zoo aus dem Bus.
**Endstation!**

Wer alle Rätselfragen richtig beantwortet hat, findet auch das Lösungswort.
Es besteht aus den Buchstaben 1 – 11, die in den Antworten verstreut sind.
Das Lösungswort heißt:

_ _ _ _ _ _ _ _ _ _ _
1 2 3 4 5 6 7 8 9 10 11

und ist eine Berliner Sehenswürdigkeit, die vom Ausflugsziel, dem Bahnhof Zoo, nicht weit entfernt ist.

Landwehrkanal
???
Gedächtniskirche
**Bahnhof Zoo**

# Anhalter Bahnhof

Von einem alten Bahnhof ist heute nur noch dieser kleine Teil zu sehen (die gelbe Ruine). Verbinde die Punkte von 1 bis 77 durch Linien! Dann siehst du, was für ein mächtiges Gebäude der Anhalter Bahnhof einmal war.

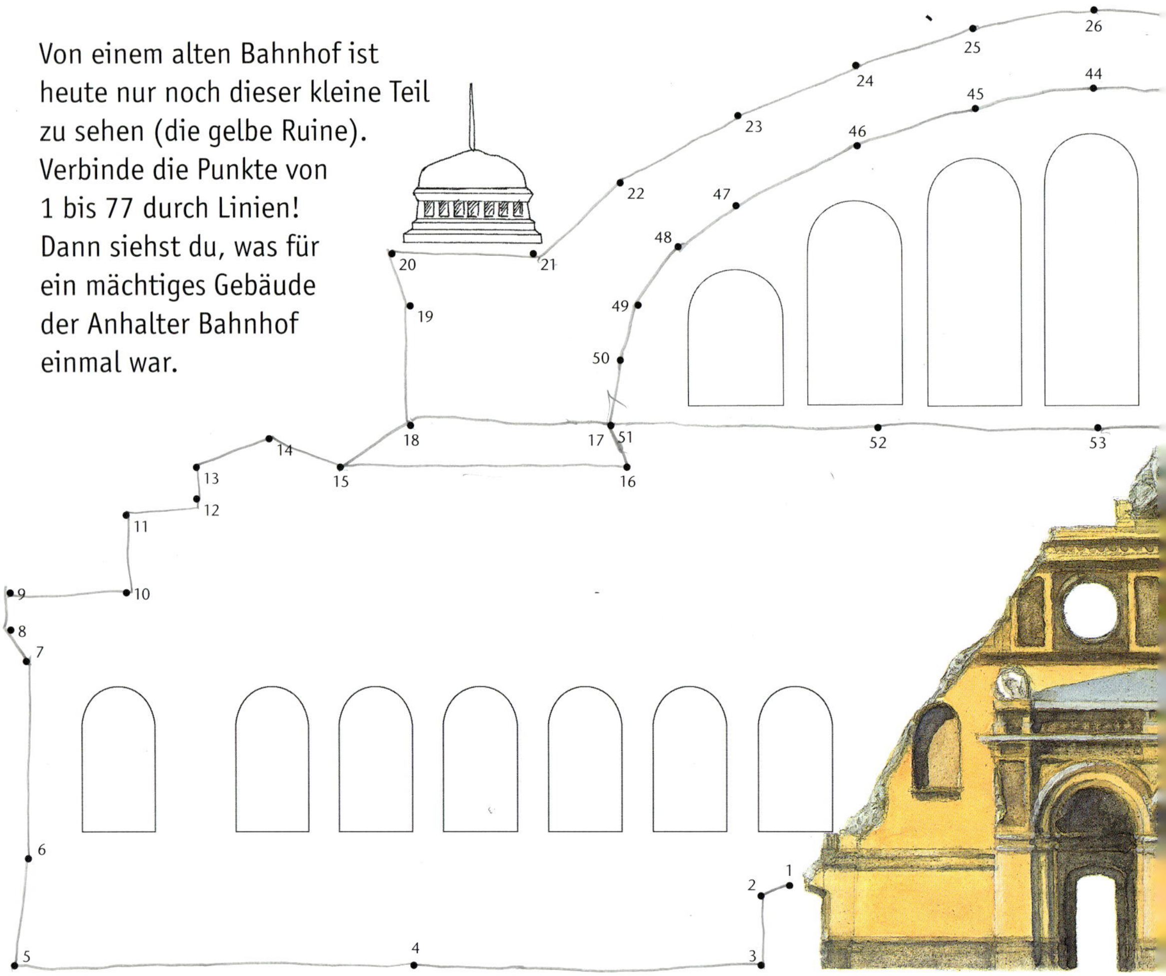

Durch drei Tore fuhren die Lokomotiven in den Bahnhof hinein und wieder heraus. Die Gleise endeten in der Halle. Einen solchen Bahnhof, in dem es keinen Durchgangsverkehr gibt, nennt man Kopfbahnhof. Sieh mal ganz genau hin: Dann erkennst du neben der kleinen Lokomotive den Bahnhofsvorsteher mit seinem Hund!

Die Bahnhofshalle wurde vor 120 Jahren gebaut. Sie zählte damals zu den größten der Welt: 168 Meter lang, 61 Meter breit und 34 Meter hoch.

In der S-Bahn-Station „Anhalter Bahnhof" hängen große Fotos an den Wänden. Sie zeigen dir, wie es früher rund um den Bahnhof aussah. Wenn du heute die Treppen hinaufsteigst und ans Tageslicht kommst, ist die Ruine des alten Bahnhofs nicht zu übersehen.
Stell dich einmal in ihr Eingangstor und schließ die Augen. Mach laut das Zischen der alten Dampflokomotiven nach: Tsch...Tsch...Tsch...Tsch...Tsch...Tsch... Vielleicht siehst du für einen Moment die riesige Bahnhofshalle vor dir, eine abfahrende Lokomotive und viele Reisende mit Koffern und Taschen auf den Bahnsteigen.
Wenn du dann die Augen wieder öffnest, siehst du – zack! – etwas ganz anderes!

# Bahnhöfe

## *Ick vastehe imma nur Bahnhof!*

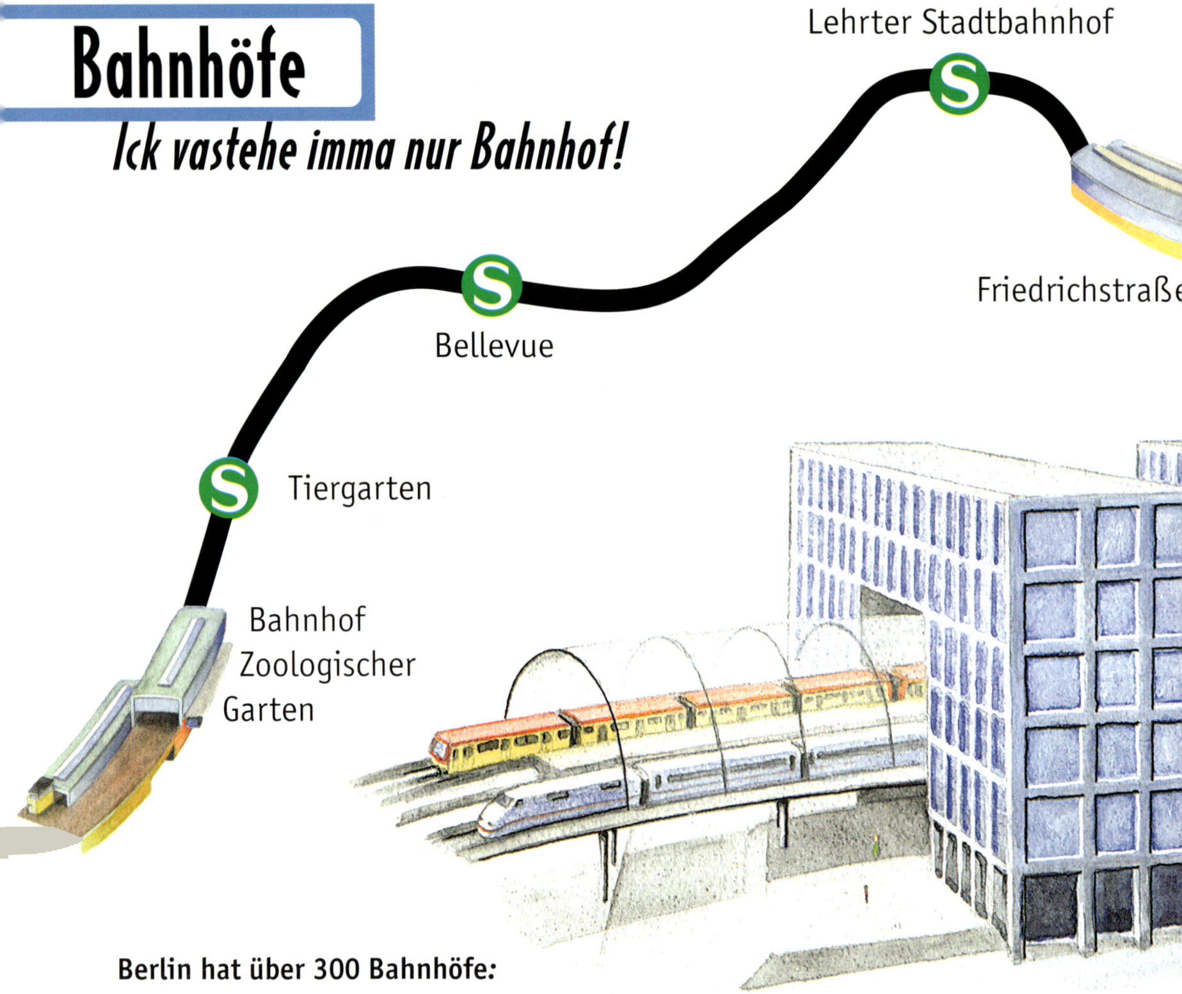


**Berlin hat über 300 Bahnhöfe:**
Die meisten von ihnen gehören zur Berliner U- und S-Bahn. Sie sind Knotenpunkte für den Verkehr innerhalb der Stadt.
Die wichtigsten Fernbahnhöfe heißen „Berlin Zoologischer Garten“ und „Berlin Ostbahnhof“. Von hier fahren Züge in andere deutsche und europäische Städte oder kommen von dort nach Berlin.
„Zoologischer Garten“ und „Ostbahnhof“ sind Durchgangsbahnhöfe, wie du auch an der Streckenkarte ablesen kannst. Die Züge fahren in die Bahnhofshallen hinein und nach kurzem Halt auf der anderen Seite wieder hinaus.

**Bahnhof der Zukunft – der Lehrter Bahnhof:**
Spannend wird das, wenn wir eines Tages mit dem Zug in diesen Bahnhof hineinfahren.
Wie ein Glaspalast soll er aussehen.
Hier werden sich Bahnlinien aus allen Himmelsrichtungen kreuzen.
Der Lehrter Bahnhof wird Berlins größter und modernster Bahnhof sein. Ein paar Jahre wird es aber noch dauern, bis alle Gebäude und Tunnel fertig sind.

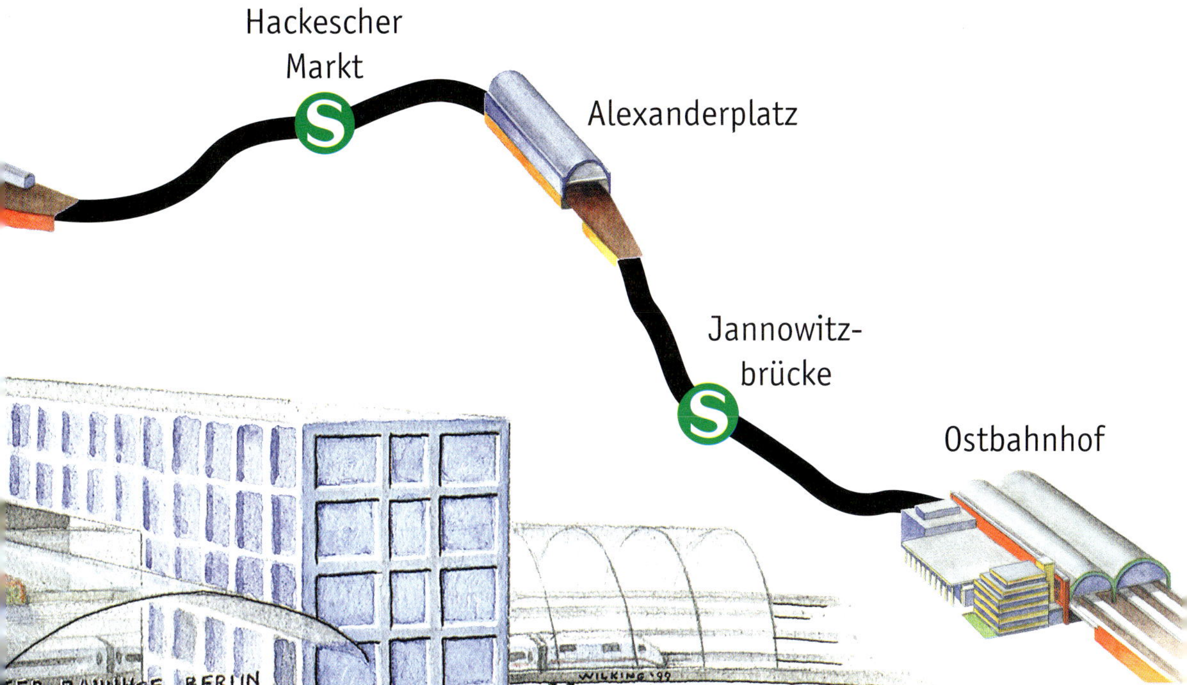

Große Berliner Bahnhöfe kennenzulernen ist einfach. Für den Anfang genügt eine Fahrt mit der S-Bahn vom „Bahnhof Zoo" zum „Ostbahnhof" oder in umgekehrter Richtung. Das ist die Strecke der berühmten Berliner Stadtbahn. Unterwegs begegnest du zwei zentralen Umsteigebahnhöfen: „Friedrichstraße" und „Alexanderplatz". Du kommst außerdem ganz nah an einer riesigen Bahnhofsbaustelle vorbei. Hier entsteht der neue Lehrter Bahnhof.

# Schatzkammern
## *Das Museum für Völkerkunde*

**Die besten Seefahrer aller Zeiten fuhren mit solchen Booten aufs Meer hinaus. Sie lebten auf den kleinen Inseln der Südsee, umgeben vom größten Ozean der Welt, dem Pazifik.** Hier im Museum steht ein „Tongiaki". Du kannst hinaufklettern, dir alles von nahem ansehen und dich in die kleine Deckshütte setzen. Fehlen eigentlich nur Wind und Wasser – schon könnte die wilde Seefahrt beginnen.

*Ein Tongiaki*

Die Halle mit den prächtigen Booten aus der Südsee ist nur **ein** Höhepunkt. Das **Museum für Völkerkunde** besitzt riesige Schätze. Die Ausstellungsstücke stammen von Völkern aus dem Alten Amerika, aus Afrika und Asien.

**Für Museumsdetektive:**
Findest du diese Maske? – Leicht ist das nicht, denn hier gibt es viele Masken.

***Tipp:*** Du entdeckst sie in der Nähe des Xylophons. Es darf übrigens ausprobiert werden. Sein Klang ist ganz afrikanisch.

*Xylophon von der Elfenbeinküste*

Im **Juniormuseum** können vor allem Kindergruppen aktiv werden. Die Begegnung mit anderen Völkern und Kulturen steht auch hier im Mittelpunkt.

**Achtung, Indianer!**
Seit Herbst 1999 gibts auch eine spannende Ausstellung über Indianer.

# Das Naturkundemuseum

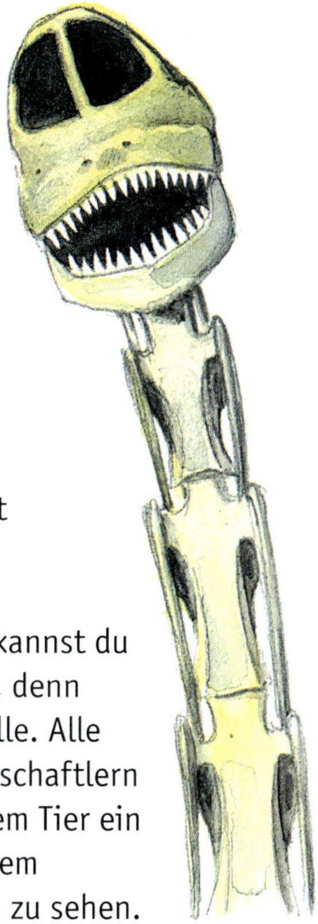

**Am Eingang erwartet dich der Empfangschef.**
**Sein Name: Brachiosaurus brancai.**
Er ist stolze 23 Meter lang und 12 Meter hoch. Nirgendwo auf der Welt kannst du einem größeren Dinosaurier gegenüberstehen. Seine Knochen wurden in Afrika ausgegraben und nach Berlin gebracht. Brachiosaurus steht in der Mitte der riesigen Saurierhalle, aber er ist nicht allein. Ihn umgeben die Skelette verschiedener anderer Dinos.

Im **Museum für Naturkunde** kannst du dir Tiere ganz genau ansehen, denn keins bewegt sich von der Stelle. Alle Tierkörper wurden von Wissenschaftlern haltbar gemacht. Wie aus einem Tier ein „Museumstier" wird, ist in einem besonderen Ausstellungsraum zu sehen.

**Bobby**, das Gorillamännchen, lebte früher einmal im Berliner Zoo. Er war und ist ein Liebling der Besucher.

**Schaufenster in die Natur:**
Ein Gang durch das Museum führt an dunklen Wänden vorbei, aus denen hier und da ein Schaufenster leuchtet. Reingucken lohnt sich! Ganz nah siehst du vor dir ein Rudel Rehe. Die Tiere stehen und liegen auf einer Lichtung im verschneiten Wald. In anderen Schaufenstern warten Füchse, Dachse oder Wölfe.

**Für Museumsdetektive:**
Zu entdecken ist eine Schatzkammer voller Edelsteine und Mineralien. Und dann gibts da noch etwas: Eine große Sammlung zeigt **„Steine, die vom Himmel fallen"**.

Wie heißen sie? _ _ _ _ _ _ _ _ _

*Er fiel über Afrika vom Himmel. Anfassen erlaubt!*

# Schatzkammern

## *Deutsches Technikmuseum Berlin*

Das Flugzeug schwebt über der Straße. Will es hier landen? Nein, der erste Blick täuscht. Die Propellermaschine hängt sicher an einem Gerüst und weist uns den Weg zum Technikmuseum.*

* Übrigens, es handelt sich um einen echten **Rosinenbomber**. So werden die Flugzeuge genannt, die in den Jahren 1948 und 1949 pausenlos in das eingeschlossene Berlin flogen und die Bewohner mit Lebensmitteln und Kohlen versorgten.

Dampfmaschinen und Lokomotiven, Webstühle und Windmühlen, eine alte Schmiede und eine Brauerei, Schiffe und Schleusen, Kutschen und Oldtimer und der erste Computer der Welt. Wer neugierig ist, kann sich in diesem Museum hunderttausend Dinge ansehen. Außerdem ist hier auch immer was los.

Es gibt viele **Vorführungen**. (Wann wo was stattfindet, steht auf einer Tafel am Eingang des Museums.)

Zum Beispiel **Papiertechnik**:

Eine alte Pferdetreppe führt in den zweiten Stock hinauf, denn der Raum unter dem Dach diente früher als Pferdestall. Heute wird hier gezeigt, wie ein Blatt Papier entsteht. Es wird aus der großen Holzbütte geschöpft.

***Tipp:*** Du kannst diese alte Kunst selbst ausprobieren. „Familienschöpfen" findet an Wochenenden oder in den Ferien statt. Am Ende dürfen alle Teilnehmer „ihr" Papier mit nach Hause nehmen. Anmeldung ist notwendig!

Zum Beispiel **Nachrichtenstudio**

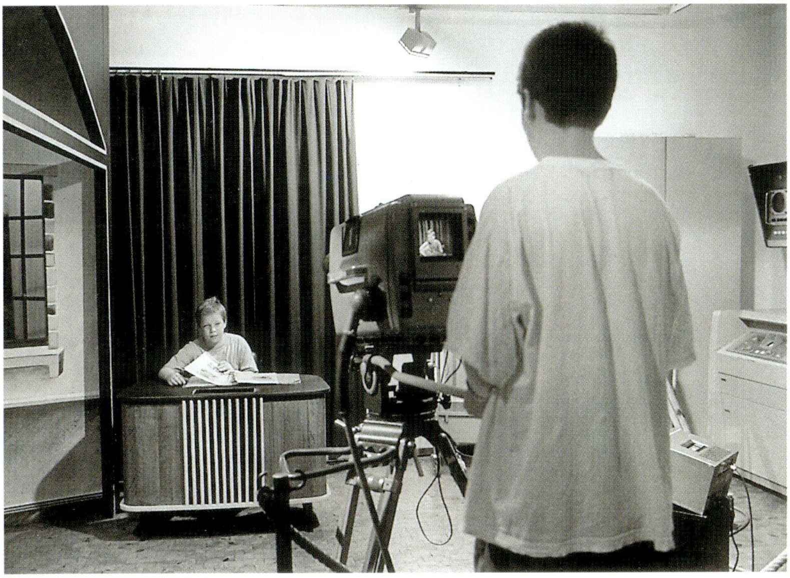

Selbst die Fernsehkamera bedienen, Nachrichtensprecher spielen, vor der laufenden Kamera einen Sketch aufführen – hier ist vieles möglich.

**Für Museumsdetektive:**
Ein Hund im Technikmuseum! Er bellt nie, quietscht aber, sobald du ihn von der Stelle bewegst. Probier es mal!

Wie heißt der Hund? __________

Einen kurzen Fußweg vom Hauptgebäude entfernt liegt eine besondere Abteilung des Technikmuseums:

# Das Spektrum

Hier lassen sich jede Menge Experimente anstellen. Klar, dass es dabei viel zu lachen gibt. Spiegel verbiegen sich und zeigen dich mal dick und rund, mal lang und dürr. Die wirbelnde Hexenschaukel darf niemand versäumen. Und ganz nebenbei begreift man, wie verschiedene Dinge funktionieren:
eine Batterie, ein Lasso, ein …

*Geheimnisvoll: die Plasmakugel*

# Kennst du die Kuppel?

**Hier siehst du die bekanntesten Kuppeln der Stadt. Ein Kuppeldach zieht unseren Blick an. Mit seiner kugelrunden Form unterscheidet es sich von allen anderen Dächern. Berlin besitzt viele Kugeldächer – und eine Kuppel ist die schönste von allen.**

**Der Berliner Dom**
trägt die mächtigste Kuppel – und gleich noc vier kleine Kugeldächer dazu.
Eine schmale Treppe führt hoch hinauf. Der Berliner Dom steht mitten auf der Spreeinse deshalb siehst du von oben den Fluss und einige der bekanntesten Bauwerke Berlins (übrigens auch viele Kuppeldächer).

**Schloss Charlottenburg**
Die prächtige Kuppel sitzt wie eine Krone auf Berlins größtem Schloss. Weithin verkündet sie, dass es hier etwas Besonderes zu sehen gibt. Tatsächlich sind Schloss und Schlosspark einen Besuch wert!
Ein geschmücktes Türmchen bildet die Spitze vieler Kuppeln. Man nennt es „Laterne".

**Das Planetariun**
Dieses Kuppeldach muss man von innen gesehen haben. Du sinkst in einen bequemen Sesse und über dir spannt sich das Kugeldach als Himmelsgewölbe. Über 9000 Sterne (mehr als mit bloßem Auge am Nachthimmel sichtbar sind) leuchten in der Kuppel auf.

* Zeiss-Großplanetarium.

**er Reichstag**

iese Kuppel ist neu. Sie erhebt sich über dem eichstag, der mehr als 100 Jahre alt ist. Früher atte er eine andere Kuppel, die aussah ie der Deckel einer Bonbonschale. n 2. Weltkrieg wurde sie zerstört. eute kannst du durch Glaswände in as Innere der Kuppel hineinsehen. er Trichter in ihrer Mitte spiegelt as Tageslicht und lenkt es in das nnere des Gebäudes. ie Kuppel hat auch eine ussichtsplattform. Besucher erden über eine Rampe inaufgeführt. Sie windet sich ie eine Schnecke an der laswand entlang.

**Neue Synagoge**

Wenn die Sonne scheint, ist sie am leichtesten zu entdecken. Dann glänzt sie golden aus dem Häusermeer hervor. Es heißt, diese Kuppel sei die schönste. Was meinst du?

**Französischer Dom und Deutscher Dom**

Die Zwillingstürme tragen schlanke Kuppeln, die sich gleichen, bis auf die goldenen Figuren an ihrer Spitze.

**Bodemuseum**

Die dunkle Kuppel mit der grünen Krone ist auf 3 Seiten von Wasser umgeben. Wie ein Schiffsbug schiebt sich das Museum zwischen Spree und Kupfergraben.

**St. Hedwigs Kathedrale**

Berlins grünste Kuppel hat die Form einer umgedrehten Kaffeetasse. Sie liegt ein bisschen versteckt, aber wer „Unter den Linden" entlangspaziert, wird sie finden.

# Leinen los!

## *Mit dem Dampfer auf der Spree*

**Berlin ist eine Wasserstadt. Flüsse, Kanäle und Seen bedecken einen großen Teil der Stadtfläche. Auf vielen Gewässern sind Schiffe und Boote unterwegs. Es macht Spaß, Berlin vom Wasser aus zu erleben – zum Beispiel bei einer Dampferfahrt auf der Spree.**

Unser Vorschlag: An der Schlossbrücke in Charlottenburg geht ihr an Bord und fahrt flussaufwärts bis zur Anlegestelle Jannowitzbrücke. Das Ganze dauert wenig mehr als eine Stunde, und es gibt sehr viel zu sehen!

**Berliner Brücken:**

Bald nach der Abfahrt werden dir die Brücken auffallen, denn es sind viele. Manche sind aus Stein gebaut, andere aus Beton oder Eisen. In der ganzen Stadt gibt es mehr als tausend! So viele besitzt nicht einmal Venedig, das doch für seine Brücken berühmt ist.

**Ratet mal!**

Alle, die mit dir den Ausflug unternehmen, dürfen einmal raten: Wie viele Brücken sind es, unter denen ihr durchfahren werdet?
18, 20 oder 24 ?
Hier ist Platz für deine Strichliste.
Jede Brücke bekommt einen |

Entdeckst du diese goldenen Sonnen? Sie schmücken eine Brücke. Wie heißt sie?

Das Schiff oder der Dampfer (wie Berliner sagen) fährt durch die Mitte Berlins. Du kommst ganz nah an berühmten Orten und Bauwerken vorbei: dem Tiergarten, dem Haus der Kulturen der Welt (Spitzname gefällig?), am Schloss Bellevue, am neuen Regierungsviertel mit dem Amt des Bundeskanzlers, an den Baustellen rund um den Lehrter Bahnhof, später an den großen Museen, vorbei am Dom und und und ...*

* An Bord ist auch ein Schiffsbegleiter, der viel über das zu erzählen weiß, was links und rechts der Spree zu sehen ist.

*Ein Dampfer fährt am Reichstag vorbei.*

**Türme in Grau, Grün und Rot:**
Kaum ist euer Dampfer am Berliner Dom mit seiner mächtigen Kuppel vorbei, da tauchen auf der linken Seite drei hohe Türme auf: Einer ist grau, einer grün, einer rot. – Zu welchen Gebäuden gehören die Türme?

_ _ _ _ _ _ _ _ _ _ _ _ _

_ _ _ _ _ _ _ _ _ _ _ _

_ _ _ _ _ _ _ _ _ _ _

**In der Mühlendammschleuse:**
Kurz vor der Endstation gehts noch in den „Schiffsfahrstuhl“: Ihr fahrt in die Mühlendammschleuse. Hier wird der Dampfer ein Stück nach oben geschleust, damit er seine Fahrt auf der Oberspree fortsetzen kann.

*Dampfschlepper „Andreas“*

***Tipp:*** Nachdem ihr an Land gegangen seid, lohnt sich ein kleiner Abstecher zum anderen Spreeufer. Nur fünf Minuten entfernt liegt der „Historische Hafen Berlin“. Mehr als 20 Museumsschiffe gibt es da zu besichtigen. Du kommst in den Bauch eines mächtigen Lastkahns und läufst über das Deck alter Dampfschlepper.

# Ab ins Wasser

**Lust zu baden haben manche Menschen täglich, andere nur ab und zu. Wenn die Badelust da ist, gibts verschiedene Möglichkeiten.**

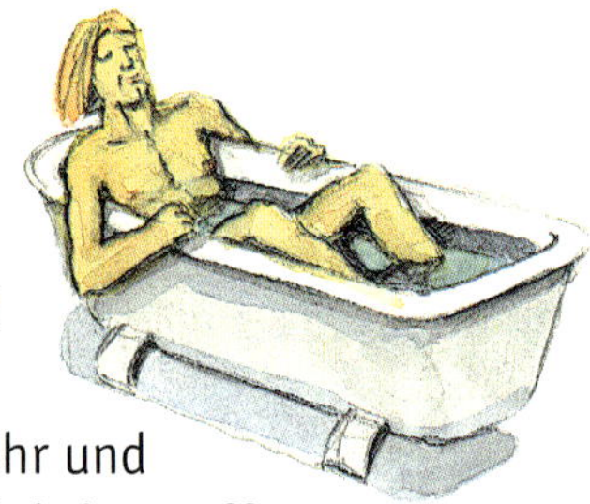

Rund um die Uhr und ganzjährig geöffnet.

Das bekannte Schwimmbad in der Nähe (sehr wichtig, denn wer will schon jedes Mal lange unterwegs sein, bevor er ins Wasser kommt).

Aber auch beim Baden lohnt es sich, Neues zu entdecken. Berlin hat viel zu bieten.

## Baden im See

Über 60 Seen gibt es in der Stadt; doch nicht alle sind zum Baden geeignet. Drei Vorschläge:

**Freibad Lübars:**
Der kleine Ziegeleisee ist ganz von Bäumen umgeben. Am Ufer zieht sich eine große Wiese hin. Strandkörbe, Sprungturm, Rutschen – alles ist da. Auch Nichtschwimmer erreichen mühelos die schöne Insel mit der Kinderrutsche.

*Insel im Freibad Lübars*

**Strandbad Wannsee:**
Einen Kilometer lang ist der Badestrand – der längste an einem See in Europa. Viele Segelboote, Strandkörbe und im flachen Wasser eine Menge Platz zum Planschen. Hier kannst du dich ein bisschen wie an der Ostsee fühlen und bist doch ganz und gar in Berlin.

**Freibad Müggelsee:**
Der Strand ist kürzer, aber der See ist viel, viel größer. Deshalb nennt man den Müggelsee gern die „größte Berliner Badewanne".

# Badespaß im Sommerbad

Mitten in der Stadt, am Rand des Flughafens Tempelhof, liegt zum Beispiel das **Sommerbad Neukölln**. Ob klein oder groß, viele Menschen kommen gern hierher. Ein Grund dafür ist bestimmt die enorme Wasserrutsche.

# Baden unterm Dach

**Schwimmbad im SEZ**:
Es ist mehr als ein einfaches Hallenbad. Hier rollen künstliche Wellen, hier gibt es Wasserfälle – und wenn du Lust hast, setzt du dich hinter einen Vorhang aus Wasser.

**blub:**
Das Bad mit dem superkurzen Namen ist bei Berliner Kindern sehr beliebt. Nirgendwo werden so viele Wasserabenteuer angeboten wie hier. Wer sie erleben will, muss allerdings auch höhere Eintrittspreise bezahlen als in den anderen Bädern.

*Im SEZ*

**Rutschenrekorde – Länge der Rutschbahn:**

| | |
|---|---|
| Freibad Orankesee | 40 m |
| Sommerbad Neukölln | 85 m |
| blub | 120 m |

# Die schönsten Brunnen

**Der Neptunbrunnen:**
Neptun ist der Gott des Meeres. Klar, dass das Wasser in keinem anderen Brunnen so wild rauscht wie zu seinen Füßen.
Alte Sagen erzählen: Neptun kann mit seinem riesigen Dreizack Felsen spalten und das Meer aufwühlen. Stolz thront er hier auf einem Felsen und auf großen Muschelschalen.
Übrigens ist dies ein Brunnen für Entdecker. Auf den ersten Blick siehst du vor allem das Wasser, das überall spritzt und schäumt. Aber dann entdeckst du, was mittendrin alles krabbelt und prustet.
Am Brunnenrand sitzen ganz ruhig vier große Frauen, die aus Bronze geformt sind. Jede von ihnen soll einen großen Fluss darstellen:
Rhein, Elbe, Oder und Weichsel.

**Der Märchenbrunnen:**
Er wurde für Kinder gebaut. Dieser Brunnen liegt in einem großen Park, dem Friedrichshain. Wer hierher fährt, sollte eines auf jeden Fall einstecken:
ein Märchenbuch!

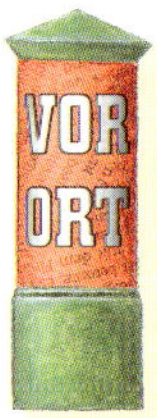


**Bei gutem Wetter sitzt es sich gut auf einer Bank neben dem Brunnen. Das Märchenbuch ist dabei.
Nun liest du entweder selbst oder – manchmal noch schöner – lässt dir vorlesen.
Am Brunnenrand siehst du Figuren aus zehn verschiedenen Märchen der Brüder Grimm. Errätst du, zu welchen Märchen sie gehören?**

**Der Wasserklops:**
Angucken, anfassen und herumplantschen! Hier ist alles drin. Der Brunnen heißt eigentlich „Weltkugelbrunnen“, aber diesen Namen hört man selten – für Berliner ist es einfach der „Wasserklops“. Er steht auf dem Breitscheidplatz, dort, wo der Kurfürstendamm anfängt. An einem warmen Sommertag kannst du mitten im Stadtgetümmel deine Beine im Wasser baumeln lassen oder in einem der Brunnenbecken herumspazieren.

**Der Entenbrunnen:**
Er ist auch als „Streichelbrunnen“ bekannt. Warum wohl?

**Der Kugelbrunnen:**
Eine riesige, tonnenschwere Granitkugel dreht sich langsam und ruhig. Sie wird nur vom Wasserdruck bewegt. Dieser moderne Brunnen beweist, welche Kraft im Wasser steckt.

***Tipp:*** Der Kugelbrunnen liegt an einem spannenden Ort, im sogenannten „Moabiter Spreebogen“. Auf der einen Seite der Spree siehst du mächtige, glitzernde Neubauten, auf der anderen Seite schöne, alte Berliner Mietshäuser. Und: Nur 50 Meter vom Brunnen entfernt gibt es direkt am Fluss einen aufregenden Spielplatz in der Form eines Piratenschiffs.

VOR ORT

Genaues Hingucken lohnt sich! Was da zum Vorschein kommt: die Frau mit der Gießkanne, eine Arche Noah, ein Krokodil und natürlich der Handbrunnen in der Mitte der großen Treppe. Wenn du um den Brunnen herumgehst, kommst du an einer Bronzefigur vorbei, die das Geländer zusammendreht. Die Berliner nennen diese Figur „Harry, den Schweißer“. Er freut sich, wenn du ihm im Vorübergehen die Hand auf die Schulter legst. Und er schweißt auch weiter, wenn du ihm die Augen zuhältst.

# Berliner Puzzle

## *von C bis Z*

**Diese Karte zeigt Berlin. Die größte deutsche Stadt ist hier aus 23 Teilen zusammengesetzt; das sind die alten Berliner Bezirke.**

**Sie heißen:**

1 **C**harlottenburg

2 **F**riedrichshain

3 **H**ellersdorf

4 **H**ohenschönhausen

5 **K**öpenick

6 **K**reuzberg

7 **L**ichtenberg

8 **M**arzahn

9 **M**itte

10 **N**eukölln

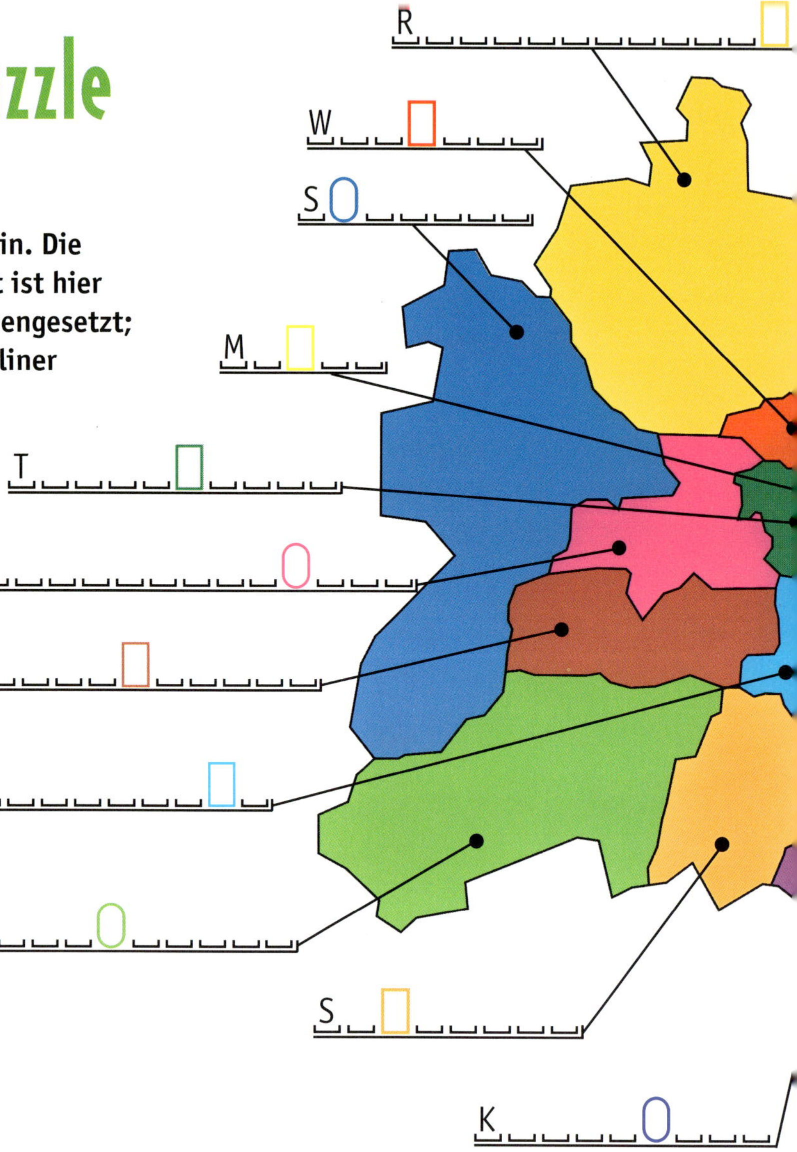


**„Wo is'n Pankow?"**

Diese kleine Karte verrät es dir. Findest du auch die anderen 22 Teile des Stadtpuzzles? Schreib die Namen der alten Bezirke an die richtige Stelle.

Die Buchstaben in den farbigen Feldern werden in die bunte Kästchenreihe eingetragen (achte auf die passenden Farben und Formen). Wenn du die Buchstaben hintereinander liest, ergibt sich ein Lösungssatz.

N

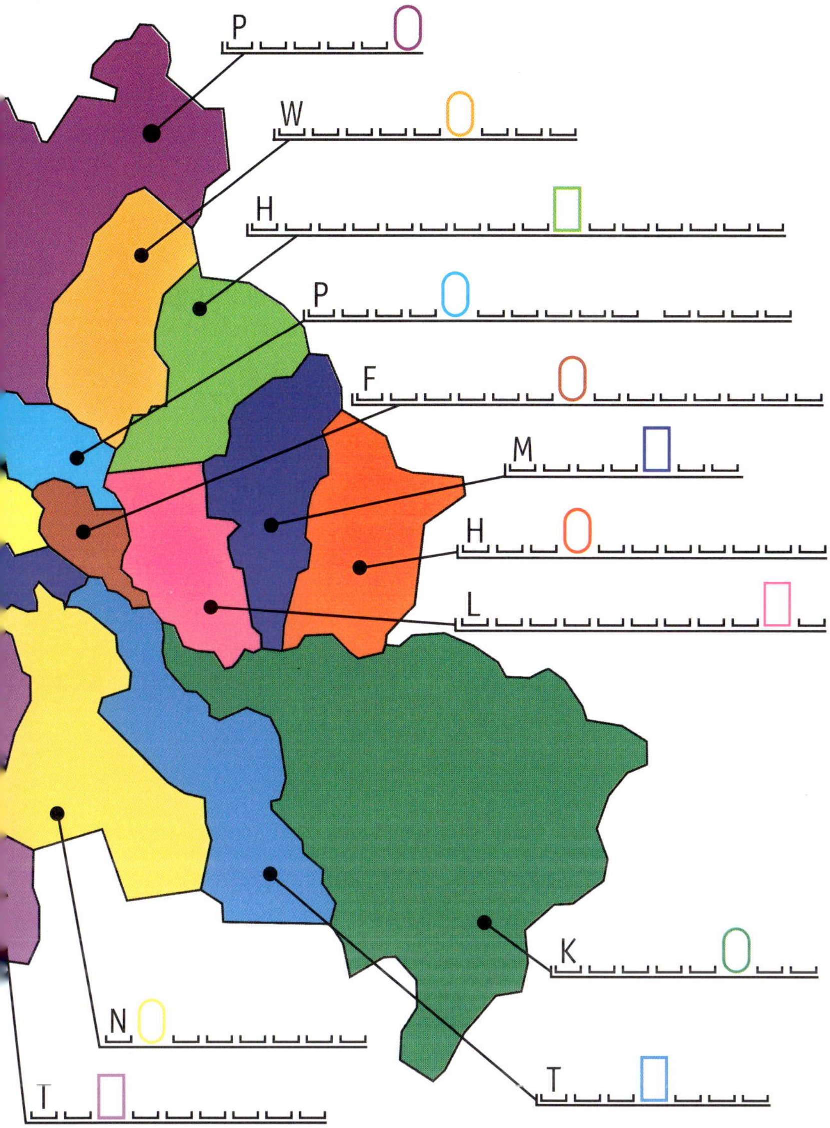

**11 P**ankow

**12 P**renzlauer Berg

**13 R**einickendorf

**14 S**chöneberg

**15 S**pandau

**16 S**teglitz

**17 T**empelhof

**18 T**iergarten

**19 T**reptow

**20 W**edding

**21 W**eißensee

**22 W**ilmersdorf

**23 Z**ehlendorf

Seit 1. Januar 2001 ist die Zahl der Berliner Bezirke kleiner geworden. Einige Bezirke wurden zu neuen zusammengefasst: Jetzt sind es noch 12.
Wie heißen die Hochzeitspaare unter den Bezirken? Mit Hilfe der Tabelle kannst du es herausfinden.

**Ein** Bezirk wurden
20 + 18 + 9
1 + 22
2 + 6
23 + 16
14 + 17
5 + 19
8 + 3
4 + 7
11 + 12 + 21

Unverändert blieben
10
13
15

Ich wohne in

____________________

_ _ _ _ _ _ T _ _ _ _ _ E _ _ Ä _

# In Berlin leben ...

**Menschen aus 184 Staaten der Erde. Sie kommen aus allen Teilen der Welt, deshalb nennt man Berlin zu Recht eine Weltstadt.**

Du kannst in Berlin Menschen aus der ganzen Welt begegnen: zum Beispiel in der U-Bahn. Guck dich um und hör genau hin. Vielleicht kannst du erraten, woher die Fahrgäste stammen, mit denen du U-Bahn fährst.
Kommen sie aus der Türkei, aus Vietnam, Italien oder aus einem afrikanischen Land?

Einmal im Jahr gibt es ein großes Fest:
den **Karneval der Kulturen**. Dann ist deutlich zu sehen, wie bunt Berlin ist. An den Umzügen und Straßenfesten beteiligen sich Menschen aus vielen Ländern. Sie zeigen, wie bei ihnen zu Hause getanzt, gesungen und gefeiert wird.

Die Möglichkeit, fremde Kulturen kennenzulernen, besteht das ganze Jahr über im **Haus der Kulturen der Welt**. Hier finden große Ausstellungen statt, und dazu gehört immer auch ein Kinderprogramm. Wenn gerade „Afrika" das Thema ist, kannst du hier afrikanische Künstler treffen. Sie zeigen dir zum Beispiel, wie in Afrika geschnitzt, getrommelt, Stoff bedruckt oder Haare geflochten werden.

**In Berlin leben viele Kinder.
An manchen Orten in der Stadt sind sie die Hauptpersonen.**

Zum Beispiel im **FEZ** in der Wuhlheide. Die Parkeisenbahn, die dort fährt, wird von Kindern betrieben. Kinder sind Zugschaffner und Schrankenwärter.

Das **FEZ** wird oft ein Kinderparadies genannt. Da ist was dran, denn allein im riesigen Freizeitpalast kannst du unendlich viel unternehmen: Astronaut spielen, auf der Modellbahn Autorennen fahren, fotografieren lernen, das Kinderkino besuchen, ...

Im **LesArt** – *Berliner Zentrum für Kinder- und Jugendliteratur.* Hier dreht sich alles rund um das Kinderbuch.
Auf der Spur berühmter Kinderbuchhelden geht es quer durch die Stadt. Oder wer Lust hat, kann zusammen mit anderen Kindern auch mal eine ganze Nacht lang lesen und spielen.

Im **Kindermuseum Labyrinth**.
Es zeigt Ausstellungen, die immer spannend sind, weil Mitmachen möglich und erwünscht ist. In verschiedenen Werkstätten kannst du deine eigenen Ideen zum Thema entwickeln und vieles einfach ausprobieren.

Auf dem **Kinderbauernhof Pinke-Panke**.
Landleben mitten in der Großstadt: Kinder helfen beim Füttern der Tiere, beobachten die Natur, bauen Holzhütten und machen Lagerfeuer.

Zu entdecken sind außerdem Kindertheater, Kinderzirkus, Kinderbüchereien, ein Kinderbad und vieles mehr.

# Hauptstadt der Tiere
## *Zoologischer Garten*

Mitten in der Stadt liegt der Zoologische Garten. Seine Tiergehege findest du gleich neben dem Bahnhof Zoo. Zwischen Vogelgezwitscher und Löwengebrüll sind deshalb oft Bahnsteiggeräusche zu hören.

**Lieblingstiere:**
Bei einem Rundgang durch den Zoo kommst du bestimmt bei deinen Lieblingstieren vorbei. Welche sind es?

Vielleicht entdeckst du sie hier: **Im Haus der Flusspferde**

Die großen Tiere lassen sich über und unter Wasser beobachten. Manchmal wälzt sich ein Flusspferd ganz nah an die Glasscheibe heran.

***Tipp:*** An der Rückwand der Halle die Ohrsafari ausprobieren! Ein Knopfdruck und du hörst, wie ein Flusspferd grunzt, quietscht, quakt, klickt, röhrt, schreit oder schnurrt.

Draußen steht **Knautschke** bereit. Er ist Berlins berühmtester Flusspferdbulle. Ein Ritt auf seinem bronzenen Rücken ist ungefährlich und schön fürs Fotoalbum.

# Aquarium

Zum Berliner Zoo gehört das Aquarium:
Aus nächster Nähe zeigen sich Fische, Quallen, Krokodile, Schildkröten, Schlangen und viele andere Wassertiere.

**Zauberfarben:**

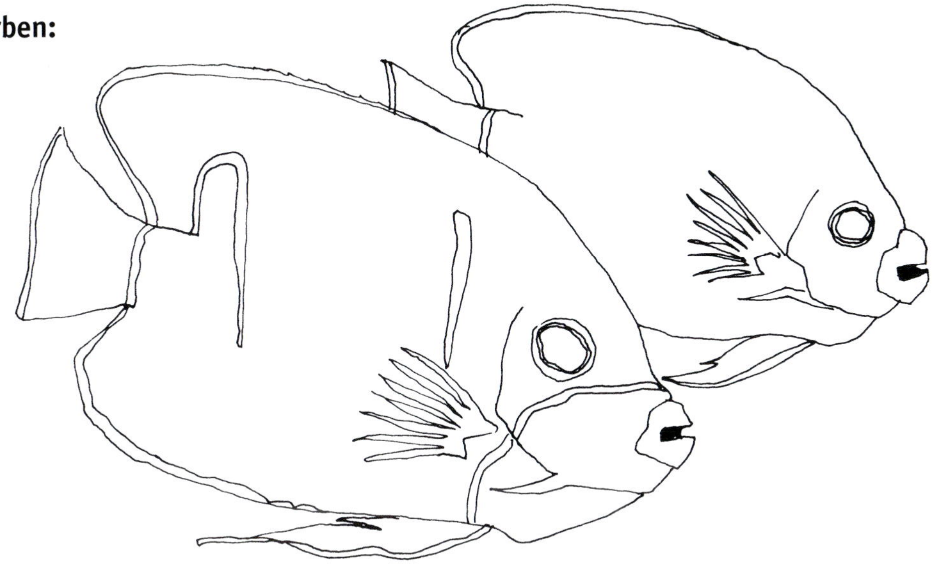

*Diese Fische kannst du so bunt ausmalen, wie es dir gefällt.*

# Tierpark Berlin-Friedrichsfelde

Hier gibt es mehr Platz als in der Innenstadt. Manchen Bewohnern kommt das zugute – zum Beispiel den Giraffen, Kamelen und anderen Huftieren. Sogar ein richtiges Schloss steht auf dem Gelände des Tierparks (Schloss Friedrichsfelde).

*Tierkinder sind in jedem Zoo die Lieblinge aller Besucher. Die kleine Elefantendame Matibi wurde 1999 hier im Tierpark geboren.*

*Für schlaue Füchse:*

# Berlin in Rätseln

**Stadtblick:**
Hier siehst du acht kleine Bildausschnitte. Nur vier von ihnen findest du im linken Bild wieder. Welche sind es?

Wenn du sie entdeckt hast, ergeben die dazugehörigen Buchstaben das Lösungswort. Du musst die Buchstaben nur in die richtige Reihenfolge bringen.

ALEX
_______________

**K**

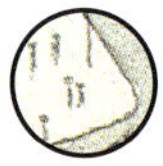

**O**

**X**

**T**

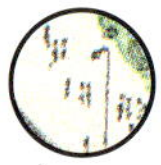

**E**

**L**

**Z**

**A**

Lösungen zu diesen Rätseln findest du auf Seite 76.

**Vogelschau:**

So sieht eine Möwe dieses Bauwerk. Es wurde aus der Luft fotografiert. Wie heißt es?

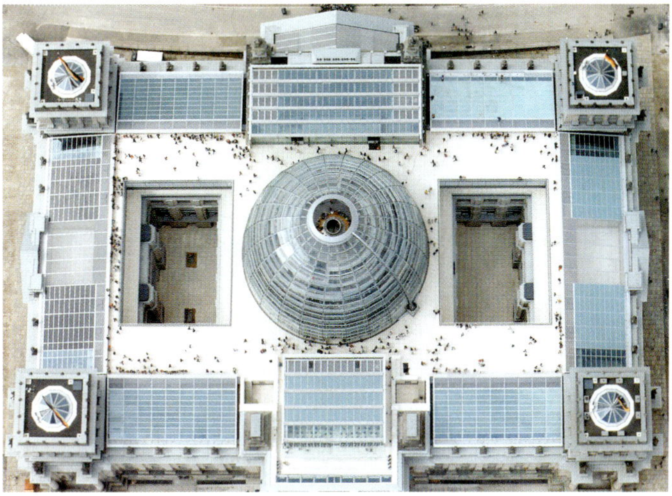

**Richtig oder falsch?**

Hier stehen „dolle“ Behauptungen. Manche sind richtig, andere sind falsch. Rate mal!

| | | | |
|---|---|---|---|
| 1. | Die Siegessäule könnte im Berliner Dom stehen. Der Raum unter der Kuppel ist hoch genug. | richtig ☐ | falsch ☒ |
| 2. | Der Kurfürstendamm ist die breiteste Straße in Berlin. | richtig ☒ | falsch ☐ |
| 3. | Berlin heißt Berlin, weil sein Stadtwappen einen Bären zeigt („Bärlin“). | richtig ☒ | falsch ☐ |
| 4. | In Berlin gab es die erste Straßenbahnlinie der Welt. | richtig ☒ | falsch ☐ |
| 5. | Der älteste Baum der Stadt ist älter als Berlin. | richtig ☐ | falsch ☒ |
| 6. | Die Litfaßsäule wurde in Berlin erfunden. | richtig ☒ | falsch ☐ |
| 7. | Berlin ist die Stadt mit den meisten Brücken in Europa. | richtig ☐ | falsch ☒ |
| 8. | Eine Regenkapuze heißt berlinerisch „Jewittatüte“. | richtig ☐ | falsch ☒ |
| 9. | Berlin hat mehr Straßenbäume als irgendeine andere Stadt in Europa. | richtig ☒ | falsch ☐ |

# Berlin in Rätseln

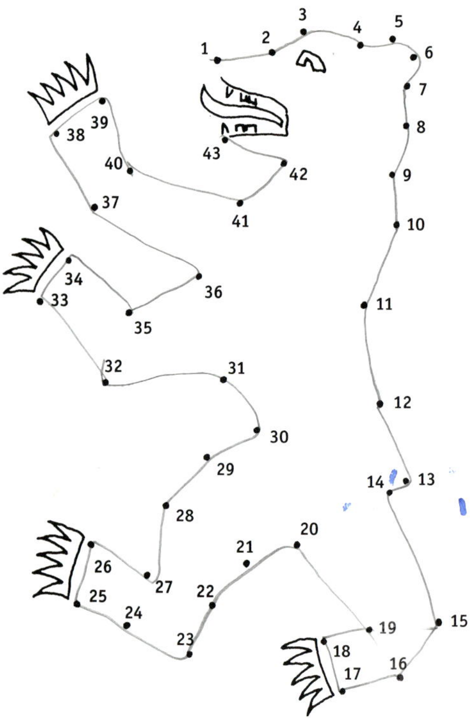

Verbinde die Punkte von 1 bis 43. Das Tier, das dann erscheint, ist der Berliner ____________.

Er ist eng mit der Stadt verbunden. Weißt du warum?

**Buchstabensalat** aus der Berliner Küche

Auf diesem Schild verstecken sich die Namen von 10 Berliner „Leckerbissen“. Du findest sie, wenn du die Buchstabenreihen waagerecht und senkrecht liest.

| | | | | | | | | | | | | |
|---|---|---|---|---|---|---|---|---|---|---|---|---|
| S | P | V | O | R | I | B | A | C | T | Q | A | N |
| C | O | Z | I | P | T | R | E | G | X | F | G | S |
| H | A | C | U | R | R | Y | W | U | R | S | T | I |
| U | N | Y | Z | C | O | T | G | R | O | T | A | B |
| S | D | H | O | U | L | E | S | K | E | U | E | U |
| T | G | M | K | I | L | R | A | E | F | L | P | L |
| E | N | S | C | H | M | A | L | Z | T | L | V | E |
| R | S | W | A | X | O | I | M | A | D | E | B | T |
| J | R | U | K | F | P | J | P | S | T | W | A | T |
| U | L | V | W | C | S | C | H | R | I | P | P | E |
| N | T | A | E | D | I | S | N | W | K | U | L | A |
| G | O | P | F | A | N | N | K | U | C | H | E | N |
| E | N | B | U | L | R | A | Y | K | F | C | O | L |
| Z | P | A | K | I | U | H | E | R | I | N | G | O |

**Kreuzworträtsel:**

1 Berliner Bezirk mit dem kürzesten Namen
2 Ausflugsschiffe werden hier nur ............. genannt.
3 An diesem See liegt ein berühmtes Strandbad.
4 Drehorgel
5 Kurzname einer Berliner Einkaufsstraße
6 Der Wasservogel sitzt am Beckenrand und gibt dem Brunnen seinen Namen.
7 Meeresgott, der auf einem Berliner Brunnen zu sehen ist.
8 Bäume, die einer sehr bekannten Straße den Namen gaben.
9 Kuppelkino am Potsdamer Platz
10 Berlin wurde als Zwilling groß; die Schwesterstadt hieß ....... .
11 Berliner Fußballverein
12 Er war einmal Berlins bekanntester Gorilla. Seine Spur führt ins Naturkundemuseum.
13 Das höchste Bauwerk der Stadt steht auf diesem Platz.
14 Ein anderer Name für Straßenbahn
15 Der Erfinder der Plakatsäulen, die noch heute am Straßenrand stehen, hieß ...... .
16 Von diesem Bahnhof, der früher sehr beliebt war, ist heute nur eine kleine Ruine übrig.
17 Berlins „dickster“ Turm

(ö=oe /ß=ss)

# Kennste den?

Im Bus zieht ein Junge dauernd die Nase hoch.
„Haste denn keen Taschentuch?"
„Klar, aber ick verpump et nich."

„Mama, haben Brombeeren Beene?"
„Nee."
„Denn hab ick eben 'n Mistkäfer jefressen."

Ein Arbeiter der Wasserwerke schraubt mit einem riesigen Schlüssel an einem Hydranten.
„Was machen Sie denn da?" fragt ein neugieriger Fußgänger.
„Det sehn Se doch – ick zieh die U-Bahn uff."

„Herbert, steht mir der Strohhut jut?"
„Ausjezeichnet, Lenchen, wie aus'n Kopp jewachsen."

Großmutter zum Enkel:
„Sieh mal, wenn ich gähne, halte ich immer die Hand vor den Mund."
„Klar, du schon, aber ick brauche det nich, meine Zähne sitzen noch fest."

Gretchen und Berndchen spielen im Buddelkasten mit Eierpampe Backe-backe-Kuchen. Gretchen backt einen Kuchen, reißt ein Blatt vom Strauch, packt es obendrauf, backt einen Kuchen, reißt ein Blatt ab ...
„Mensch, Jrete, wat machste denn da?"
„Icke? Ick mach Blätterteig."
Berndchen, nicht faul, backt einen Kuchen, pinkelt drauf, backt wieder einen Kuchen, pinkelt drauf ...
„Berndchen, schämste dir denn jar nich? Wat machste denn da?"
„Icke? Ick backe Piss-kwit."

„Roswitha, du stehst jetzt schon zehn Minuten mit offenem Mund herum!"
„Weeß ick! Ick hab 'n selber uffjemacht."

Der Bruder von Hubertus ist Vater geworden. Hubertus nimmt das zum Anlass, an der Theke einige Schnäpse zu kippen.
„Gratuliere", sagt der Wirt. „Junge oder Mädchen?"
„Mensch", lallt Hubertus, „hab ick vajessen zu fragen. Nu weeß ick nich mal, ob ick Onkel oder Tante jeworden bin."

Dem Feriengast wird zum Frühstück ein winziger Klecks Honig serviert. „Ach", sagt der Berliner, „eene Biene halten Se ooch?"

„Herr Ober, haben Sie Froschschenkel?"
„Nee, mein Herr, ick loofe immer so."

„Haben Sie deutsche Äpfel?"
„Wollen Se mit die Äppel reden, oder wollen Se se essen?"

Ein arroganter Gast: „Heute möchte ich mal was essen, was ich noch nie hatte."
„Na, da würde ick Ihnen Hirn empfehlen."

Karlchen geht mit Mumpitz, dem Dackel, spazieren. Er setzt sich im Tiergarten auf eine Bank, auf der schon ein gutgekleideter junger Herr sitzt und ziemlich arrogant in die Gegend guckt. Als er Mumpitz entdeckt, schimpft er: „Nimm den Hund weg, ich fühle direkt, wie mir ein Floh das Bein hochkrabbelt." Karlchen erhebt sich sofort. „Komm Mumpitz", sagt er, „wir haun ab, der feine Pinkel da hat Flöhe!"

Auf der Toilette sitzt einer und singt:
„Es geht alles vorüber,
es geht alles vorbei ..."
Brüllt einer von draußen:
„Denn setz dir doch jefälligst richtig druff!"

Und noch eine ganz berlinische Geschichte:

Ick sitz an'n Tisch und esse Klops
Uff eenmal kloppts.
Ick kieke, staune, wundre mir,
Uff eenmal jeht se uff, die Tür!
Nanu, denk ick, ick denk nanu,
Jetzt is se uff, erst war se zu.
Ick jehe raus und kieke
Und wer steht draußen? – Icke.

# Berliner Spitznamen

**Was in dieser Stadt auffällt, bekommt einen Spitznamen. Hier findest du die wichtigsten:**

**Goldelse**
*Sie steht auf der Siegessäule.*

**Rotes Rathaus**
*Das Berliner Rathaus; es wird so genannt nach der Farbe seiner Bausteine.*

**Café Achteck**
*Das achteckige Stehklo für Jungen und Männer.*

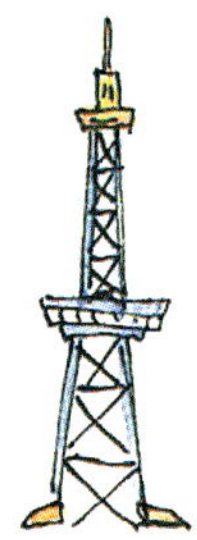

**Langer Lulatsch**
*Der Funkturm.*

**Rosinenbomber**
*Sie flogen in die eingeschlossene Stadt und brachten den Berlinern vor allem Lebensmittel und Kohlen.*

**Telespargel**
*Der Fernsehturm.*

**Größte Glühbirne der Stadt**
*Die neue Reichstagskuppel; sie wird nachts beleuchtet.*

**Großer Gelber**
*Der Berliner Doppeldecker.*

**Schwangere Auster**
*Das Haus der Kulturen der Welt.*

**Raumschiff**
*Das ICC (Internationales Congress Centrum Berlin).*

**Große Suppenschüssel**
*Sie steht im Lustgarten vor dem Alten Museum; die Schale hat einen Durchmesser von 7 Metern.*

**Größte Berliner Badewanne**
*Der Müggelsee.*

**Wasserklops**
*Der Weltkugelbrunnen.*

**Puderdose** **Lippenstift**
**Hohler Zahn**
*Die Kaiser-Wilhelm-Gedächtniskirche.*

# Sehenswürdigkeiten
## *im Überblick*


| **Sehenswürdigkeit** | **Seiten** |
| --- | --- |
| Alexanderplatz | 8, 34, 43 |
| Anhalter Bahnhof | 40, 41 |
| Berliner Dom | 48, 62 |
| Bodemuseum | 49 |
| Brandenburger Tor | 16–19, 29, 36, 37 |
| Deutsches Technikmuseum | 46, 47 |
| Elefantentor | 39 |
| Fernsehturm | 8, 9, 11, 51, 68 |
| Französischer Dom/Deutscher Dom | 10, 11, 49 |
| Friedrichstraße | 29, 32, 36, 43 |
| Funkturm | 9, 11, 68 |
| Grunewaldturm | 10, 11 |
| Hackesche Höfe | 35 |
| Haus der Kulturen der Welt | 37, 51, 58, 69 |
| Historischer Hafen Berlin | 51 |
| IMAX Kuppelkino | 23 |
| Juliusturm | 11 |
| Kaiser-Wilhelm-Gedächtniskirche | 28, 39, 69 |
| KaDeWe – Kaufhaus des Westens | 28 |
| Kurfürstendamm | 28, 55, 63 |
| Lehrter Bahnhof | 42, 43, 51 |
| Märchenbrunnen | 54 |
| Märkisches Museum | 15 |

Marienkirche ........ 34, 51, 62
Mauer-Gedenkstätte Bernauer Straße ........ 25
Museum für Völkerkunde ........ 44
Museum „Haus am Checkpoint Charlie“ ........ 25
Museumsdorf Düppel ........ 15
Naturkundemuseum ........ 45, 65
Neptunbrunnen ........ 54
Neue Synagoge ........ 35, 49
Nikolaikirche ........ 15
Nikolaiviertel ........ 15
Oberbaumbrücke ........ 33
Pariser Platz ........ 17, 37
Postfuhramt ........ 36
Potsdamer Platz ........ 20–24
Reichstag ........ 37, 49, 51, 64, 68
Rotes Rathaus ........ 51, 68
Sankt-Hedwigs-Kathedrale ........ 49
Schloss Bellevue ........ 14, 37, 51
Schloss Charlottenburg ........ 48
Siegessäule ........ 11, 12, 37, 38, 63, 68
Tiergarten ........ 38, 39, 51
Tierpark Friedrichsfelde ........ 61
Unter den Linden ........ 29, 36, 49
Weidendammer Brücke ........ 29, 31
Weltkugelbrunnen/Wasserklops ........ 55, 69
Zeiss-Großplanetarium ........ 48
Zitadelle Spandau ........ 11
Zoologischer Garten/ZOO ........ 39, 42, 60

# Adressen, Öffnungszeiten, Preise...

**Anhalter Bahnhof** Askanischer Platz; *S-Bhf. Anhalter Bahnhof, Bus 129, 248, 341*
**Aquarium** → Zoologischer Garten
**Berliner Dom** Lustgarten 1; *Mo–Sa 9–19 Uhr v. Okt.–März, Mo–Sa 9–20 Uhr v. April–Sept., So ab ca. 12 Uhr; 5,50 €/3,50 € (mit Kuppelbesichtigung), Kinder bis 14 Jahre frei; Tel: 2 02 69-1 19; S-Bhf. Hackescher Markt, Bus 100, 157, 200, 348*
**blub** Buschkrugallee 64; *tägl. 10–23Uhr; 4 Std. Mo–Fr ca. 9,50 €, Kinder 2–12 Jahre ca. 7,50 €; Sa/So ca. 12 €, 8,50 €; jeden Do (außerhalb d. Ferien!) Familientarif ca. 7,50 €, 5,50 €; Tel: 60 90 60; U-Bhf. Grenzallee, Bus 141*
**Bodemuseum** Museumsinsel; *geschlossen bis voraussichtlich 2004*
**Brandenburger Tor** Pariser Platz; *S-Bhf. Unter den Linden, Bus 100, 200, 248*

**Brunnen**

**Entenbrunnen** vor d. Renaissance-Theater, Hardenbergstr. 6; *U-Bhf. Ernst-Reuter-Platz; Bus X9, 145, 245*
**Kugelbrunnen** im Innenhof des Innenministeriums, Alt-Moabit 98–104; *U-Bhf. Turmstraße, S-Bhf. Bellevue, Bus 123, 245*
**Märchenbrunnen** im Volkspark Friedrichshain, Ecke Friedenstr./Am Friedrichshain; *Tram 2, 3, 4, Bus 142, 200*
**Neptunbrunnen** Ecke Liebknechtstr./Spandauer Str. (vor d. Roten Rathaus); *U- und S-Bhf. Alexanderplatz, Bus 100, 157, 200, 348*
**Weltkugelbrunnen (Wasserklops)** Breitscheidplatz, *U- und S-Bhf. Zoologischer Garten, Bus X9, 100, 119, 129, 200, 219*

**Deutscher Dom** Gendarmenmarkt; *Ausstellung „Fragen an die dt. Geschichte"; Di–So 10–18 Uhr, Juni–Aug. 10–19 Uhr; Eintritt frei; Tel: 22 73 04 31; U-Bhf. Stadtmitte, U-Bhf. Französische Straße, Bus 147, 257*
**Deutsches Technikmuseum Berlin** Trebbiner Str. 9; *Di–Fr 9–17.30 Uhr, Sa/So 10–18 Uhr; 3 €, Kinder ab 6 Jahre 1,50 €.; Tel: 90 25 40; U-Bhf. Gleisdreieck, U-Bhf. Möckernbrücke*
**Elefantentor** Eingang zum Zoologischen Garten in der Budapester Straße; *S- und U-Bhf. Zoologischer Garten, Bus 100, 200*
**Fernsehturm** am Alexanderplatz; *März–Okt. tägl. 9–01 Uhr, Nov.–Febr. 10–24 Uhr; 6 €, unter 16 Jahre 2,50 €, unter 3 Jahre frei; Tel: 2 42 33 33; U- und S-Bhf. Alexanderplatz, Bus 100, 200*
**FEZ** Wuhlheide Eichgestell; *in d. Schulzeit Di–Fr 10–22 Uhr, in den Ferien Mo–Fr 10–17 Uhr, Sa 13–18, So 10–18 Uhr; Eintritt frei; Tel: 53 07 15 04; S-Bhf. Wuhlheide, Tram 26, 61, 67*
**Französischer Dom** Gendarmenmarkt, *Mai–Sept. 9–19, Okt.–April 10-18 Uhr tägl.; 2 €, 1 €, bis 3 Jahre frei; U-Bhf. Stadtmitte, U-Bhf. Französische Straße, Bus 147, 257*

**Funkturm** Messedamm; *Di–So 10–22.45 Uhr, Mo 11–21 Uhr; 3,60 €, 1,80 €; Tel: 30 38 29 96; S-Bhf. Witzleben; U-Bhf. Theodor-Heuss-Platz*
**Gedenkstätte Berliner Mauer** Bernauer Straße; *S-Bhf. Nordbahnhof; Bus 328*
**Grunewaldturm** Havelchaussee 61; *tägl. 10–19.30 Uhr, im Winter bis z. Dunkelwerden; 1 €, 0,50 €; Tel: 3 04 12 03; Bus A18*
**Hackesche Höfe** Hackescher Markt; *S-Bhf. Hackescher Markt, versch. Tramlinien*
**Haus der Kulturen der Welt** John-Foster-Dulles-Allee 10; *wechselnde Ausstellungen, Kinderprogrammheft in d. Eingangshalle; Tel: 39 78 71 83; Bus 100*
**Historischer Hafen Berlin** Märkisches Ufer; *Ausstellung „Zur Geschichte der Binnenschifffahrt auf Spree und Havel" v. Apr.–Okt., Di–Fr 14–18 Uhr, Sa/So 11–18 Uhr; 2 €, ab 10 Jahre 1 €; Tel: 21 47 32 57; U- und S-Bhf. Jannowitzbrücke, U-Bhf. Märkisches Museum, Bus 147, 240, 265*
**ICC Internationales Congress Centrum** Messedamm, *Tel: 30 38-0; S-Bhf. Witzleben*
**IMAX Kino Berlin** Marlene-Dietrich-Platz 4; *tägl. 10–22 Uhr; 7 €, Kinder bis 13 Jahre 5,50 €; 3-D-Filme 8 €, 6,70 €, Tel: 44 31 61 31; U- und S-Bhf. Potsdamer Platz, U-Bhf. Mendelssohn-Bartholdy-Park, Bus 129, 148, 248, 341, 348*
**Kaiser-Wilhelm-Gedächtnis-Kirche** Breitscheidplatz; *U- und S-Bhf. Zoologischer Garten, Bus 100, 119, 129, 200, 219*
**KaDeWe – Kaufhaus des Westens** *Tauentzienstr. 21–24; Tel: 21 21-0; U-Bhf. Wittenbergplatz, Bus 119, 129, 146, 185, 219*
**Kinderbauernhof Pinke Panke** *Am Bürgerpark 15–18; Di–Fr 12–18.30 Uhr, Sa/So und in den Schulferien 10–18.30 Uhr, Mo immer geschlossen; Eintritt frei, Unkostenbeitrag für Gruppen; Tel.: 47 55 25 93; S-Bhf. Wollankstraße, S-Bhf. Schönholz, Tram 52, 53, Bus 155*
**Labyrinth Kindermuseum Berlin** Osloer Str. 12; *Mo–Fr 9–13 (nur angemeldete Gruppen), Di, Do, Fr 14–16, Mi 14–18, Sa 13–18, So 11–18 Uhr; 3,50 €, 3 €, Familien 9 €; Tel: 49 30 89 01; S-Bhf. Bornholmer Straße, Tram 23, 24*
**LesArt Berliner Zentrum für Kinder- und Jugendliteratur** Weinmeisterstraße 5; *Mo–Fr 9–16 Uhr; Tel: 282 97 47; U-Bhf. Weinmeisterstraße, S-Bhf. Hackescher Markt, Tram 1, 2, 3, 4, 5, 15*
**Märkisches Museum** Am Köllnischen Park 5; *Di–So 10–18 Uhr; 4 €, 2 € (Mi frei); Tel: 30 86 60; U- und S-Bhf. Jannowitzbrücke, U-Bhf. Märkisches Museum, Bus 147, 240, 265*
**Marienkirche** Karl-Liebknechtstr. 8; *Mo–Do 10–16, Sa/So 12–16 Uhr; Tel: 242 44 67; U- und S-Bhf. Alexanderplatz, Bus 100, 157, 200, 348*
**Museum für Völkerkunde/Ethnologisches Museum** Lansstr. 8; *Di–Fr 10–18 Uhr, Sa/So 11–18 Uhr, Juniormuseum Eingang Arnimallee 23, Di–Fr 13–18 Uhr, Sa/So 11–18 Uhr, für Gruppen Di–Fr 9–13 Uhr; 2,05 €, 1,02 €; Tel: 830 14 38; U-Bhf. Dahlem-Dorf, Bus X11, 110, 183*
**Museum Haus am Checkpoint Charlie** Friedrichstr. 43–45; *tägl. 9–22 Uhr; 7 €, 4 €; Tel: 25 37 25-0; U-Bhf. Kochstraße, U-Bhf. Stadtmitte, Bus 129, 148*

**Museumsdorf Düppel** Clauertstr. 11; *Ostern–Okt. So 10–17, Do 15–19 (Einlass nur bis jeweils 1 Std. vor Schließung!); 2 €, 1 €; Tel: 8 02 66 71; Bus 211, 629 vom U-Bhf. Krumme Lanke, Bus 115 vom S-Bhf. Zehlendorf*
**Naturkundemuseum** Invalidenstr. 43; *ab 1. 1. 2002 Di–Fr 9.30–17 Uhr, Sa/So und feiertags 10–18 Uhr; 3,50 €, 2 €, Kinder unter 6 Jahre frei; Tel: 20 93 85 91; U-Bhf. Zinnowitzer Str., Tram 8, 13, 50; Bus 245*
**Neue Synagoge** Oranienburger Str. 28–30; *Ausstellung Mai–Aug 10–20 Uhr, Fr 10–17 Uhr, Sept–April 10–18 Uhr, Fr 10–14 Uhr; 3,07 €, 2,05 €, nur Kuppelbesichtigung 1,53 €, 1,02 €; Tel.: 88 02 83 00; S-Bhf. Oranienburger Straße, Tram 1, 6, 13*
**Nikolaikirche** Nikolaikirchplatz; *Di–So 10–18 Uhr; 1,50 €; U-und S-Bhf. Alexanderplatz, U-Bhf. Klosterstraße, Bus 100, 142, 148, 200, 257*
**Oberbaumbrücke**; *U- und S-Bhf. Warschauer Straße, U-Bhf. Schlesisches Tor, Bus 147, 265*
**Postfuhramt** Oranienburger Str. 35–36/Ecke Tucholskystr.; *S-Bhf. Oranienburger Straße, Tram 1, 6, 13*
**Reichstag** Platz der Republik; *Kuppelbesichtigung tägl. 8–22 Uhr; S-Bhf. Unter den Linden, Bus 100, 248*
**Rotes Rathaus** Rathausstr., *U- und S-Bhf. Alexanderplatz, Bus 142, 257*
**Sankt-Hedwigs-Kathedrale** Bebelplatz; *Mo–Sa 10–17 Uhr, So 13–17 Uhr; Tel: 2 03 48 10; U-Bhf. Hausvogteiplatz, U-Bhf. Französische Straße, Bus 100, 200*
**Schloss Bellevue** Spreeweg, *S-Bhf. Bellevue, Bus 100, 187*
**Schloss Charlottenburg** Luisenplatz; Altes Schloss: *Di–Fr 9–17 Uhr, Sa/So 10–17 Uhr,* Neuer Flügel: *Di–Fr 10–18 Uhr, Sa/So 11–18 Uhr; Eintritt kompl. 10,50 €, ab 6 Jahre 8 €; Tel: 32 09 11; Bus X21, X26, 109, 110, 145*
**Schlossbrücke Charlottenburg** Bonhoefferufer; *U-Bhf. Mierendorffplatz, Bus X21, 109*

### *Schwimmbäder*

**Freibad Lübars** Am Freibad 9; *3 €, 1,50 €; Tel: 4 02 60 50; Bus 222 von U-Bhf. Tegel oder S-Bhf. Waidmannslust*
**Freibad Müggelsee** Fürstenwalder Damm 838; *3 €, 1,50 €; Tel: 6 48 77 77; Tram 61 vom S-Bhf. Friedrichshagen*
**Freibad Orankesee** Gertrudstr. 7; *3 €, 1,50 €; Tel: 9 86 40 32; Tram 13, 18*
**SEZ** Schwimmbad im Sport- und Erlebniszentrum Landsberger Allee 77; *Di–So 9–22 Uhr, Mo 11–22 Uhr; 2,5 Std. 5 €, 2,50 €; Tel: 4 21 82-3 30; S-Bhf. Landsberger Allee, Tram 5, 6, 7, 8, 15, 20, 27, Bus 257*
**Sommerbad Neukölln/Columbiabad** Columbiadamm 160; 3 €, *1,50 €; Tel: 62 70 59 97; U-Bhf. Boddinstraße, Bus 104*
**Strandbad Wannsee** Wannseebadweg 25; *3 €, 1,50 €; Tel: 8 03 56 12; S-Bhf. Nikolassee*

**Siegessäule** Großer Stern (Straße des 17. Juni); *tägl. 1. Apr.–9. Okt. 9.30–18.30 Uhr, 10. Okt.–31. März 9.30–17.30 Uhr; 1 €, 0,50 €, Kinder unter 8 Jahre frei; Tel: 3 91 29 61; Bus 100, 187, 341*
**Tiergarten** Straße des 17. Juni; *S-Bhf. Tiergarten, Bus 100*
**Tierpark** Berlin-Friedrichsfelde Am Tierpark 125; *tägl. 9–19 Uhr, im Winter bis 17 Uhr; 8 €, ab 3 Jahre 4 €; Tel: 51 53 10; U-Bhf Tierpark*
**Weidendammer Brücke** Friedrichstraße; *U- und S-Bhf. Friedrichstraße, Tram 1, 50, Bus 147, 157*
**Zeiss-Großplanetarium** Prenzlauer Allee 80; *5 €, 4 € (Schülergruppen 2 €); Tel: 42 18 45 12 (Veranstaltungsprogramm); S-Bhf. Prenzlauer Allee, Tram 1, Bus 156*
**Zitadelle Spandau** Am Juliusturm, *Di–Fr 9–17 Uhr, Sa/So 10–17 Uhr; 2,05 €, 1,02 €; Tel: 3 54 94 42 00; U-Bhf. Zitadelle, Bus 133*
**Zoologischer Garten** Hardenbergplatz 8; während der Sommerzeit tägl. *9–18.30 Uhr, Winterzeit täglich 9–17 Uhr; 8 €, 4 € – Aquarium tägl. 9–18 Uhr; 8 €, 4 €, Zoo u. Aquarium kombiniert 12 €, 6 €; Tel: 25 40 10; U- und S-Bhf. Zoologischer Garten, Bus 100, 200 u. andere Buslinien*

# Des Rätsels Lösung

| | |
|---|---|
| S. 9 | Telespargel, Langer Lulatsch |
| S. 14 | Da**h**me, Sp**a**ndau, Belle**v**ue, Mügg**e**lsee, Müh**l**endamm<br>Lösungswort: Havel |
| S. 17 | Pariser Platz |
| S. 32 | 3x – sie überquert auch den Landwehrkanal und den Humboldthafen |
| S. 34/35 | Weltz**e**ituhr, gr**ü**n, Syn**a**goge |
| S. 36/37 | Pa**k**et, Reich**s**tag, Sch**w**angere Au**s**ter, **S**pree, Bundes**p**räsident |
| S. 38/39 | G**o**ldelse, E**l**efantentor – Lösungswort: Wasserklops |
| S. 45 | Meteorite |
| S. 47 | Grubenhund |
| S. 50/51 | Lutherbrücke – Rotes Rathaus, Marienkirche, Fernsehturm |
| S. 56/57 | Im Berliner Wappen tanzt der Bär |
| S. 62 | **Stadtblick** Lösungswort: Alex |
| S. 63 | **Vogelschau** Der Reichstag<br>**Richtig oder falsch**<br>1. Richtig – der Kuppelraum ist über 70, die Siegessäule „nur" 67 Meter hoch.<br>2. Falsch – die breiteste Straße ist die Karl-Marx-Allee (90 Meter).<br>3. Falsch – Berlin hieß schon Berlin, bevor der Bär ins Wappen kam. Woher der Name „Berlin" kommt, weiß niemand ganz genau.<br>4. Richtig – sie wurde 1881 in Berlin-Lichterfelde eröffnet.<br>5. Richtig – der älteste Baum, eine Eiche, ist über 800 Jahre alt. Die „dicke Marie" steht am Rand des Schlossparks Tegel.<br>6. Richtig – der Erfinder war der Berliner Buchdrucker Ernst Litfaß.<br>7. Falsch – Hamburg hält den Brückenrekord.<br>8. Richtig.<br>9. Richtig – es sind ungefähr 400 000 (vierhunderttausend). |
| S. 64 | **Punkt für Punkt** Der Berliner Bär. Er ist seit vielen hundert Jahren das Wappentier der Stadt. Möglich ist, dass er in das Wappen hineinkam, weil sein Name der ersten Silbe des Stadtnamens Berlin ähnlich ist.<br>**Buchstabensalat** Versteckt sind: Bulette, Currywurst, Gurke, Hering, Pfannkuchen, Rollmops, Schmalz, Schrippe, Schusterjunge und Stulle. |
| S. 65 | **Kreuzworträtsel** 1 Mitte 2 Dampfer 3 Wannsee 4 Leierkasten 5 Kudamm 6 Ente 7 Neptun 8 Linden 9 Imax 10 Cölln 11 Hertha 12 Bobby 13 Alexanderplatz 14 Tram 15 Litfaß 16 Anhalter 17 Juliusturm |

# Winkende Türme
## *Ein Pop-Up-Bastelbogen*

---- = Falzlinie

1. Teile ausschneiden und entlang der gestrichelten Linien falzen. Achtung, die V-förmigen Falzlinien sind nicht ganz einfach: Einiges musst du nach hinten, anderes nach vorn falten! Die kleinen Zeichnungen zeigen es.

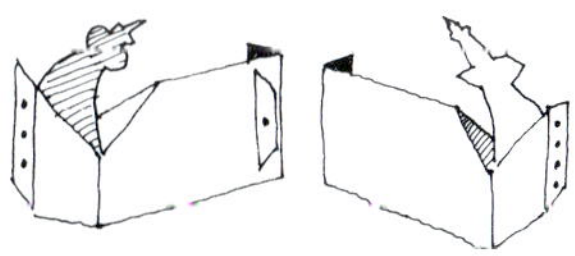

2. Streifen mit Funk- und Fernsehturm hier ● zusammenkleben.

3. Das Ganze zunächst nur an der Stelle mit den zwei Punkten ● ● auf Seite 9 ankleben.

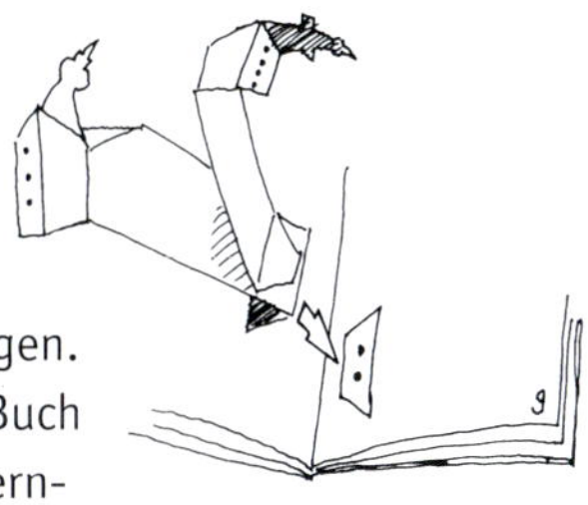


4. Kurz trocknen lassen; Buch möglichst flach aufschlagen. Klebestelle ● ● ● nur locker andrücken und das Buch vorsichtig schließen. Darauf achten, dass sich der Fernsehturm gut zusammenfaltet und nicht knittert. Einen Moment warten, dann das Buch wieder vorsichtig öffnen. Wenn alles funktioniert mit ● ● ● ● ebenso verfahren – fertig!

# Berliner Schnauze

## *Ein alter Bus aus Papier*

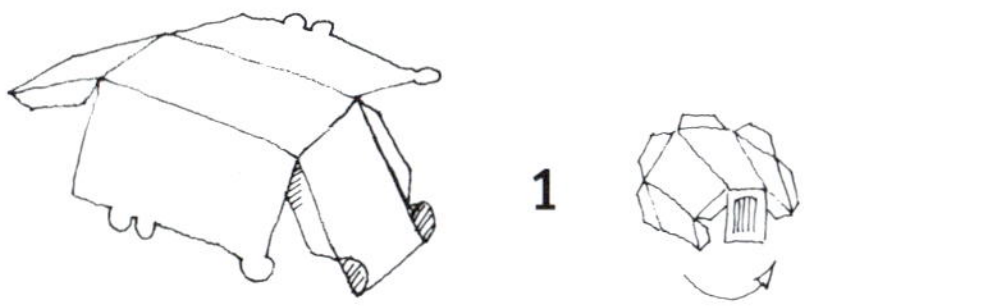


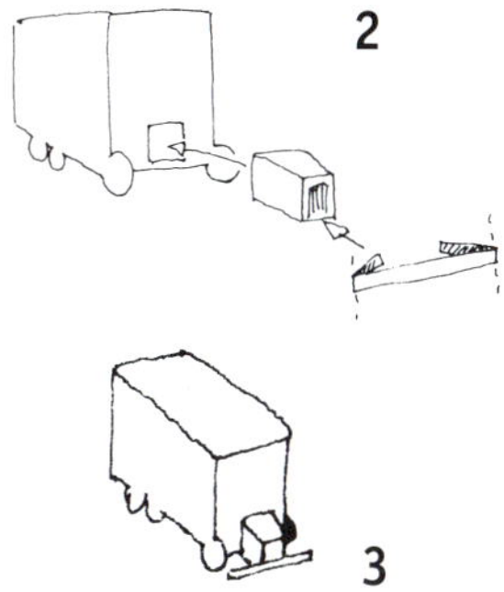


Der alte BVG-Schnauzen-Omnibus aus den 30er Jahren ist mit diesem Bastelbogen schnell nachgebaut. Wie es geht, zeigen die kleinen Bilder rechts oben.

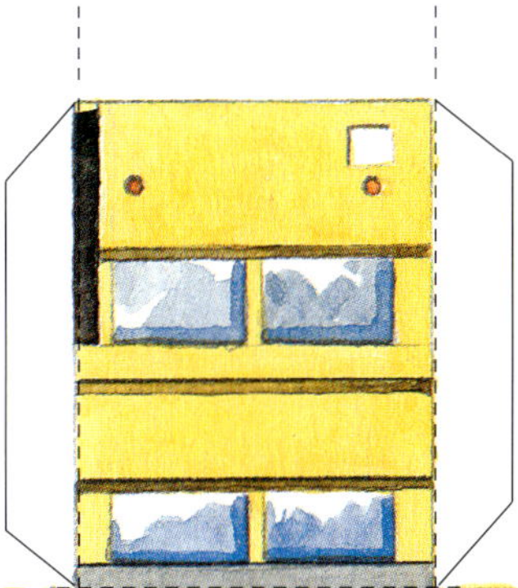

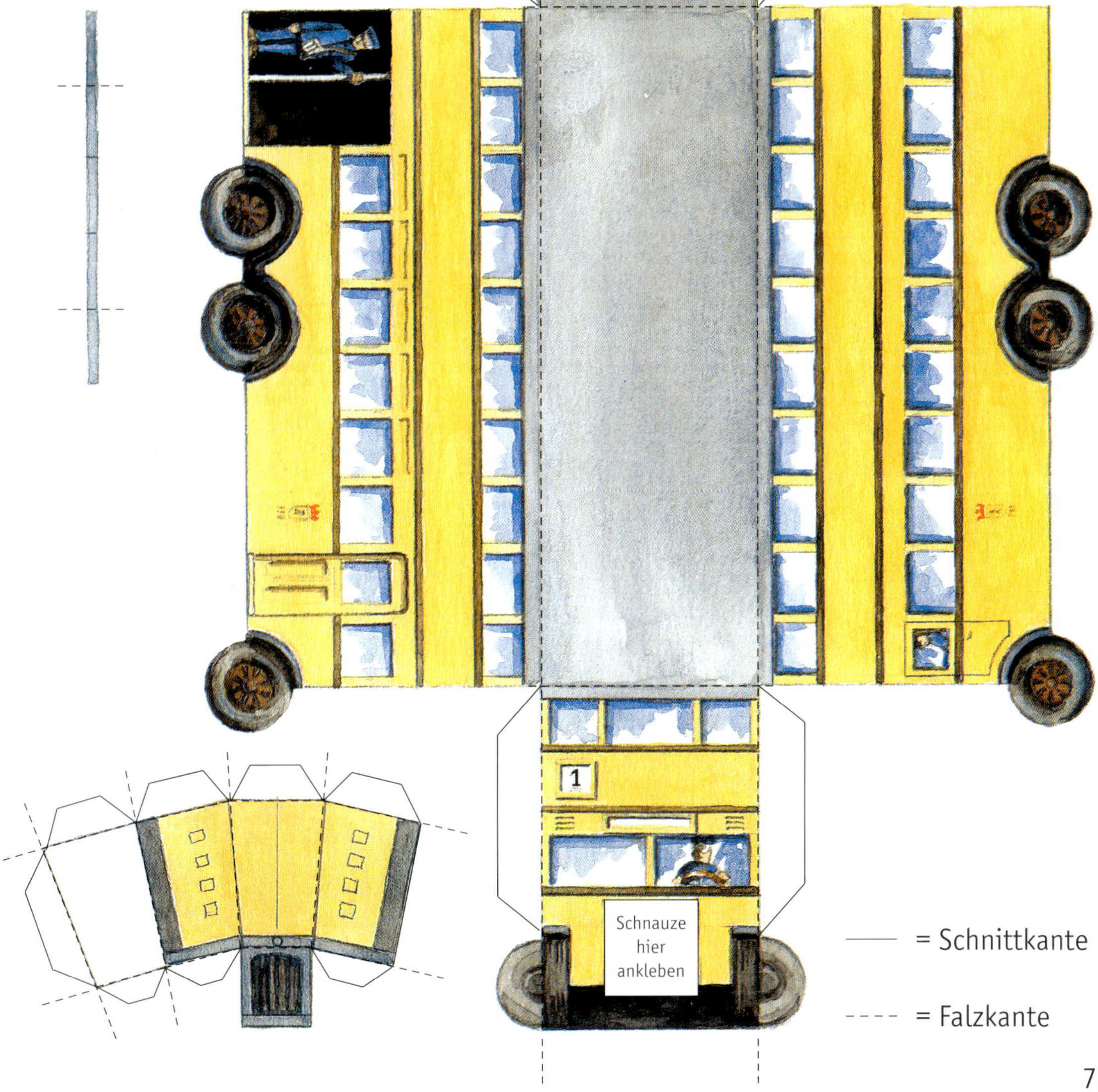

BERLIN
FÜR KINDER

SCHWARTZKOPFFSTR.
Hamburg
Lehrter-
Güterbf
Vollzugsanst.
f. Frauen
Poststadion
Schloß-
Park
Inval.
fdh.
Hambg.
Bahnhof
Mus.
Gegenw.
ZINNOWITZER STR.
Invaliden-
park
LEHRTER
STADTBF.
Umleit.
bis ca. 99
Washington-
pl.
MOABIT
245
Moltke
br.
Kronprinzen
ufer
Fürst-
Bismarck-
Str.
Luisenstr.
Albrechtstr.
Reinhardtstr.
Schumannstr.
Charité
Kapelle-
ufer
Platz der
Republik
Simsonw.
Sowj.
Ehrenmal
UNTER DEN
LINDEN
Brandenbg. Tor
Otto-Grotewohl-Str.
Behren-
Hs. d.
Kulturen d. Welt
(Kongreß-
halle)
Carillon
Spreeweg
John-Foster-Dulles-
Allee
Großfürsten
pl.
DES 17. JUNI
STRASSE
Kleiner
Stern
Natursch.
Grüntl.
T
A
R
T
E
N
Tiergarten
LENNÉSTR.
EBERTSTR.
Lüneburger
Str.
Melanchthon
Str.
Carl-v.-
Ossietzky
Park
Gerhardt
str.
Flemming
str.
Werft
str.
Sdlg.
H. Zille-
Seydlitz
S3·5·7·9·75
Regionalbahn-
Tunnel
Fern- u.
Bau
Kemper-
pl.
Bellevue-
Schloß
Bellevue
Weg
Philharmonie
POTSDAMER PL.
Kolonnaden
Reichstag
Marschall
br.